Raimon Panikkar

Einführung in die Weisheit

HERDER spektrum
Band 5256

Das Buch

„Ich bin als Christ gegangen, ich habe mich als Hindu gefunden, und ich kehre als Buddhist zurück, ohne doch aufgehört zu haben, ein Christ zu sein" – so hat Raimon Panikkar einmal seinen Lebens- und Denkweg beschrieben. Vielen Gesichtern der Weisheit ist er dabei begegnet: Weisheit als Einklang mit dem Sein, Tao, Himmel, Gott oder dem Nichts. Wie aber – so wird in den verschiedensten Religionen und Kulturen gefragt – kann ein Mensch weise werden? Leben wir nicht heute in einem technokratischen Zeitalter, in dem die Weisheit in Verruf geraten ist und das Gegenteil der Weisheit, die Vielwisserei, vorherrscht?

Doch wer sich auf die mythischen und mystischen Urerfahrungen von Leib, Seele, Gemeinschaft und Kosmos besinnt, kann die Tiefe seines Seins erfahren. In Raimon Panikkars trinitarischer und kosmotheandrischer Spiritualität bilden Gott, Mensch und Welt eine Einheit. Aus diesem „Dreiklang der Wirklichkeit" folgt eine Verantwortung des Menschen für seine Welt – die Natur wird als „unser" Leib erfahren. Wir müssen welt-ethisch handeln und individuelle, soziale und kosmische Perspektiven zu einer neuen, öko-sophischen Spiritualität verknüpfen. Wenn wir unsere Philosophie nicht nur als Liebe zur Weisheit, sondern auch als Weisheit der Liebe verstehen, können wir „der Weisheit eine Wohnung bereiten" – in unseren Herzen.

Raimon Panikkars wegweisende Vision eines interreligiösen Dialogs zeigt, wie wir angesichts der Vielfalt und Konvergenz religiöser Erfahrungen den dringenden Fragen unserer Zeit sensibler begegnen und unserem Leben spirituelle Tiefe geben können.

Der Autor

Raimon Panikkar, promovierter Naturwissenschaftler, Philosoph, Theologe, geb. 1918 in Barcelona als Sohn eines hinduistischen Vaters und einer katholischen Mutter, vereinigt in seiner Person abendländisches Christentum und indische Spiritualität. Er lehrte u. a. an Universitäten in Madrid, Rom, Cambridge, Harvard, Mysore und Varanasi (Benares). Von 1972–87 Professor für vergleichende Religionsphilosophie an der University of California, Santa Barbara/USA. Gastprofessor an über 100 Universitäten auf allen 5 Kontinenten. Autor von mehr als 50 Büchern und über 500 umfangreichen Artikeln zu Fragen des interreligiösen Dialogs. Panikkar gehörte zu dem dreiköpfigen Empfangskomitee, das den Dalai Lama nach seiner Flucht aus Tibet in Indien willkommen hieß. Bedeutende geistliche Lehrer wie Anthony de Mello oder David Steindl-Rast bezeichneten ihn als ihren „Guru". Panikkar lebt in Tavertet bei Barcelona.

Raimon Panikkar

Einführung in die Weisheit

HERDER

FREIBURG · BASEL · WIEN

Überarbeitete und gekürzte Neuausgabe von
Raimon Panikkar: Der Weisheit eine Wohnung bereiten
Hrsg. v. Christoph Bochinger
Kösel-Verlag, München 1991

Gedruckt auf umweltfreundlichem,
chlorfrei gebleichtem Papier

www.herder.de
Satz: Rudolf Kempf, Emmendingen
Herstellung: Freiburger Graphische Betriebe 2002
www.fgb.de
Umschlaggestaltung und Konzeption:
R·M·E München / Roland Eschlbeck, Liana Tuchel
Umschlagmotiv: Francesco Clemente: Per Alba,
Pastell 1981, Privatsammlung
Autorenfoto: Roland R. Ropers
ISBN 3-451-05256-3

Inhalt

Vorwort

Gaudens gaudebo in Vita, quia in corde hominis iucundam sibi Sapientia mansionem paravit.

Fröhlich werde ich mich freuen im Leben, weil die Weisheit sich im Herzen des Menschen eine freudenreiche Wohnung bereitet hat.

Weisheit ist die Kunst des Lebens. Das könnte wohl eine schlichte Beschreibung jener urmenschlichen Erfahrung sein, von der die Menschen in fast allen Kulturen unter verschiedenen Aspekten und mit unterschiedlichen Namen sprechen. Die Weisheit ist ein »savoir vivre«, wobei *savoir* nicht ein Wissen *über* das Leben, sondern einfach Lebenserfahrung ist.

Man kann ohne die Weisheit nicht leben. Die Weisen erhalten die Welt, sagen fast alle Religionen. Die Moderne aber glaubt es kaum, und deshalb ist sie besessen von ihrem eigenen Sicherheitsbedürfnis. Die Weisheit ist aus dem Getriebe des Lebens in ein Altersheim gesperrt worden (manchmal sogar schonungsvoll). Selbst die Toleranz wird zum Geschäft.

Nach vielen Überlieferungen ist die Weisheit eine edle Dame, ja eine Königin, und sie verkörpert sich in jener geheimnisvollen Triade, die die Fülle des menschlichen Lebens ausmacht: die sachliche Grundhaltung, die wahre Einsicht und die rechte Handlung. Die christlichen Scholastiker würden sagen: *esse – scire – posse,* oder *unitas – veritas – bonitas* und dergleichen. Die indische Überlieferung spricht von *karma – bhakti – jñâna* oder von *artha – kama – dharma* und sogar von *sat – cit – ânanda.* Die Jainas sprechen von Denken, Reden und Handeln, die Chinesen von Mensch, Himmel und Erde.

Diese Dame namens Weisheit wurde im Osten wie im Westen von Fachexperten beschlagnahmt. Theologen und Brahmanen, Philosophen und Mandarine, Priester und Doktoren beanspruchten, über sie zu verfügen, einen besonderen Eingang zu ihrem Gemach zu haben; ab und zu ließen sie sich dazu herab, dem Volke mitzuteilen, was die Weisheit ihnen gesagt, ja offenbart habe, und sie schrieben sogar den Wissenschaften vor, was sie untersuchen und dozieren sollten. Die gefangene edle Dame wurde als Königin der Wissenschaften gepriesen. Aber sie war in einer beengteren Situation als selbst eine konstitutionelle Königin. Sie konnte nur unterschreiben, was ihr vorgelegt wurde.

Zwar wollten edle Gestalten wie Sokrates, Buddha, Lao-tzu oder Jesus die Weisheit befreien und sie allen zugänglich machen – aber Großinquisitoren aller Art »wußten« besser über die Massen Bescheid. Trotzdem üben jene Gestalten noch immer eine unerklärliche Anziehungskraft aus, und das schon seit Jahrtausenden. Sie mögen keine Macht mehr haben, doch behalten sie eine nicht verminderte Autorität. Der Weise ist kein Eingeweihter, etwa König, Priester, Wissenschaftler. Er hat keine Macht (etwa des Staates, Gottes, der Wissenschaft). Seine Autorität, die aus ihm einen Ratgeber machen kann, hat eine ganz andere Quelle.

Ich hätte diese Besinnung über die Weisheit in die Geistesgeschichte einreihen können, aber dann würden wir den mehr existentiellen Charakter dieses Buches verlieren – abgesehen davon, daß unsere Interpretation theologische und kosmologische Streitfragen prinzipiell vermeidet, weil unsere Perspektive keine akademische Arbeit darstellen will. Eine Einübung in die Weisheit ist mehr als nur theoretische Reflexion über sie.

Während ich in meinem ebenfalls in der Reihe Herder Spektrum erschienenen Buch „Das Göttliche in Allem" über das Mysterium der Gotteserfahrung und die Eigenart spiritueller Erfahrung geschrieben habe, will ich hier über die Lebensweisheit reden. In den meisten Religionen ist der Gedanke von der »Weisheit als Sitz der Freiheit« bekannt. Die Weisheit macht uns glücklich, gibt uns Freude: Sie ist die Wohnung, wo der

Mensch zu Hause ist, wo er er selbst sein kann, und das heißt: selig. Das Kriterium der Weisheit ist die Freude, *ânanda, charis, beatitudo,* Seligkeit. Diese tiefe und unerschütterliche Freude ist eine unmittelbare Frucht der Weisheit. Die Weisheit führt zur Freude. Wir sind verantwortlich für unsere Freude. Der Bodhisattva hat auf sein *nirvâna* verzichtet und dennoch: Er ist keine traurige Figur, er ist voll Freude. Diese Erfahrung ist wohl eine mit der Vernunft allein unerklärbare Tatsache. Es gibt Leiden in der Welt, und dieses Leiden geht mich an, es ist auch mein Leiden, und dennoch bin ich nicht von Traurigkeit überwältigt. Wieso Freude und Leid sich vertragen können, läßt sich rational nicht erklären.

Warum sind wir für unsere Freude verantwortlich? Eine metaphysische Anthropologie hat eine schlichte Antwort: Das Ziel der menschlichen Natur, ja jeder Natur, ist die Seligkeit. Erreichen wir sie nicht, so ist dies ein Zeichen, daß wir nicht in die richtige Richtung wandern.

Das Reich der Weisheit kann paradoxerweise allen zugänglich sein, weil es die Sinnlichkeit und die Intelligibilität übersteigt und sich seinen Platz im Mystischen sucht. In der Sprache der indischen Kulturen, hauptsächlich der buddhistischen, könnten wir sagen, daß das Reich der Weisheit *(jñâna)* dort zu Hause ist, wo die Sittlichkeit *(shila)* und die Seelenruhe *(dhyâna)* schon erlangt wurden: Es durchdringt beide.

Die Weisheit war immer der Reichtum des einfachen Volkes. Auch heute – überall wo die Weisheit ihren Ausdruck findet – ist sie in den Sprüchen, Parabeln, Erzählungen der Völker, sei es in Afrika, Asien oder sonstwo, zu Hause. Die Weisheit hat ihre Wohnung mehr im Wort denn im Schrifttum. Die Weisheitsbücher sind im allgemeinen Sammlungen mündlicher Tradition, die sich durch das Sieb der Zeiten vertiefen und verfeinern.

Auch dieses Buch geht in seiner Entstehung auf das gesprochene Wort zurück. Es wäre nicht möglich gewesen ohne das Bemühen dreier Freunde. Irmgard Hafner lud mich ein, einen Vortrag zu halten, dessen Titel sie selbst formuliert hatte. Bogdan Snela lud mich ein, ein kontemplatives Wochenende zu leiten, und nahm es dann auf sich, aus dem Ganzen ein Buch entstehen zu lassen. Christoph Bochinger hatte die schwierige Aufgabe, alles zu redigieren, meinen Stil zu verbessern und die Notizen in eine zusammenhängende Darstellung zu verwandeln.

Der dritte Teil des Buches, der von ihm aus dem Englischen übersetzt wurde, geht ebenfalls auf Einladungen dreier guter Freunde zurück: Paolo Soleri, berühmter Architekt und Prophet aus Arcosanti in Arizona, wollte ein »Personal Statement« für seine Veranstaltung: »Minds for History«; André Mercier, bekannter Professor für Physik an der Universität Bern und zugleich Philosoph, wünschte eine Darstellung meiner Philosophie für die Reihe: »Philosophische Selbstbetrachtungen« der Fédération Internationale des Sociétés de Philosophie.

Bei der Redaktion dieser veränderten Neuausgabe haben vor allem mein Sekretär Ignasi Boada und mein Freund Gotthard Fuchs mitgeholfen.

Allen fühle ich mich verpflichtet und möchte ihnen meinen Dank aussprechen. Ich danke auch dem aufmerksamen Publikum und insbesondere jenen Zuhörern, die mir Fragen gestellt haben. Sie alle haben mich herausgefordert, etwas zu sagen, was von Wert sein mag. Ohne ihr Interesse wäre das meiste ungesagt und in der Verborgenheit geblieben.

Anmerkung über die Sprache: Die modernen Sprachen sind geprägt vom Patriarchalismus der Vergangenheit und Gegenwart. Es ist höchste Zeit, ihn zu überwinden, und wir Menschen haben es dringend nötig, daß die feminine Dimension des Lebens und die Frauen im besonderen ihr Recht wiedergewinnen. Aber weder ein Matriarchalismus (so sehr wir ihn manchmal wünschen) noch ein Dualismus von Frau und Mann sind befriedigende Lösungen.

Mensch heißt *homo* und ist weder Mann noch Frau, sondern bezeichnet die Ganzheit des menschlichen Wesens, in der es Polaritäten, aber keine Spaltungen gibt. Sexus, Genus und Polarität – das biologische Geschlecht, das grammatische Geschlecht und die polare Struktur der Wirklichkeit – sind drei verschiedene Sachen: Femininum und Maskulinum ist nicht dasselbe wie Frau und Mann, die Sonne oder die Nase sind keine Frau und der Fluß oder der Bauch kein Mann, obwohl wir in beiden Fällen von Geschlecht sprechen. *Yin* und *yang*, warm und kalt, Licht und Dunkelheit sind Polaritäten, die zur Wirklichkeit als ganzer gehören und nicht auf »männlich« oder »weiblich« reduziert werden dürfen, denn das biologische Geschlecht ist nur eine jener Polaritäten. Ich nenne das Sexomorphismus oder die Sexomorphisierung der Wirklichkeit – unseren modernen Drang, alle Vielfalt in das Paradigma einer einzigen Unterscheidung zu zwängen, die Wirklichkeit nur nach dem Bilde des Menschen (anthropomorph) und diesen nur nach dem Bilde des Geschlechts (sexomorph) zu sehen. Das grammatische Geschlecht des Wortes »Mensch« ist das maskuline: *der*. Seit Jahrzehnten plädiere ich für ein neues Geschlecht, nicht für das *Neutrum* (weder ... noch, also Kastration), sondern für das *Utrum* (sowohl ... als auch, und zwar in der ganzen Wirklichkeit, also auch im Denken über das Göttliche, das Menschliche und das Kosmische). Unterdessen gebrauche ich das eine Geschlecht und verstehe es ganzheitlich, ohne dem Männlichen das Oberrecht über dieses Ganze zu geben und ohne andererseits durch die Fragmentation der Wiederholungen (Mensch/Menschin, Gott/Göttin, Stein/Steinin usw.) oder der Mehrzahl die Spaltung noch weiter zu treiben.

Die Tatsache, daß ich in mehreren Sprachen zu Hause bin und über keine von ihnen allein verfügen kann (denn keine gehört mir), läßt mich aufmerksam sein für die hörende (und damit gehorchende) Aufgabe des Sprechenden. Deshalb achte ich einerseits auf die etymologischen Wurzeln der Wörter und ihre Verwandtschaften; andererseits bin ich überzeugt von der Unmöglichkeit einer einzigen Weltsprache; deshalb auch die ausführlichen fremdsprachlichen Zitate in diesem Buch. Sie sollen uns beibringen, daß wir in unserem Unternehmen weder allein sind noch alles auf eine einzige Ausdrucksweise oder Sprache reduzieren können. Die Sprache – wie die Weisheit – hat viele Wohnungen.

Tavertet, 2. Februar 2002, am Fest des göttlichen Lichtes
Raimon Panikkar

I Der Weisheit eine Wohnung bereiten

Sapientia aedificavit sibi domum.
Die Weisheit hat für sich selbst
eine Wohnung bereitet.
Spr IX,1

Seit den dreißiger Jahren ist mir das Thema dieses Buches ein Mantra gewesen, eine Musik aus Worten, die mich begleitete, und in deren Schwingung ich mich hinein zu fügen versuchte. Nicht nur die Musik vermag in uns zu klingen, sondern auch Gedanken haben ihren Klang. Und man hört nicht mit dem Ohr allein. Auch der Verstand ist dabei, aber auch der ganze Leib und der ganze Geist. Die Sprache der Weisheit vermag es, das Ohr, den Leib und den Verstand miteinander zu verbinden.

Wir sind es gewöhnt, Worte zu lesen. Wir haben uns ein wenig abgewöhnt, Worte zu »essen«. Noch viel weniger sind wir es gewöhnt, Worte Fleisch werden zu lassen, sie uns einzuverleiben. Und das, obwohl beides als Gleichnis der christlichen Heiligen Schrift entstammt.

Der Weisheit eine Wohnung bereiten – das ist eine Einladung, im Herzen des Menschen eine fröhliche Wohnung erbauen zu lassen. Wie können wir uns bemühen, daß die Fleischwerdung dieser Worte in uns stattfinde? Ich möchte mit einigen Variationen über die Weisheit zur Einübung in eine echte Spiritualität beitragen.

Drei grundlegende Einsichten des Menschseins sind in diesem einfachen Satz enthalten. Wir wollen nichts weiter tun, als uns mit einigen Schritten auf ihn zu besinnen, seinen Sinn ohne Hetze, ohne Vorüberlegungen, ohne viele Erwartungen hier und jetzt in uns zu vernehmen.

Weisheit

(1) Alle menschlichen Überlieferungen haben die Weisheit gepriesen, in verschiedenen Formen, mit verschiedenen Worten und in unterschiedlicher Nuancierung. Auch die Philosophie ist eine jener Formen. Das Ideal der Weisheit scheint eine menschliche Invariante zu sein. Jeder Mensch, jedes Volk erahnt und strebt nach einem Etwas, das Weisheit genannt werden kann. Jedoch ist diese Weisheit heutzutage gegenüber ihren traditionellen Formen etwas entstellt. Schon immer wurde sie leicht vergessen, doch heute ist sie in Verruf geraten, was in der Geschichte der Menschheit wahrscheinlich eine Ausnahme bildet. Sie ist entstellt durch die Technokratie unseres Zeitalters, ersetzt durch den großen Erfolg der naturwissenschaftlichen Weltanschauung, verstellt durch das, was wir modernes Leben nennen. Der heutige Lebensstil erschließt uns eine Unmenge von Informationen wie auch Bequemlichkeiten, die wir nicht verachten sollten. Die moderne Weisheit erscheint uns wie eine reiche, schöne, gebildete Dame, die Geschenke verteilt, uns bequem und gastlich aufnimmt, Information vermittelt und uns reich macht. Der Preis für solche Vorzüge ist die Komplizierung unserer Existenz.

Das ist jedoch nicht das traditionelle Gesicht dieser Dame, das wir deshalb aufs neue entdecken, erhellen, erblicken müssen. Was die Weisheit wirklich ist, ist uns nicht mehr selbstverständlich, es ist verborgen unter dem Schleier ihrer kosmetischen Schönheit (vgl. Ijob XXVIII,21). Wissenschaftler, Geschäftsleute, Politiker und sogar Spezialisten für die Religion streben heute nicht mehr danach, Weise zu sein. An die Stelle der Weisheit wird bestenfalls eine Art Lebensklugheit gesetzt[1]. »Ich, die Weisheit, verweile bei der Klugheit« (Spr VIII,12), bin aber nicht mit ihr identisch, sagt sie uns. Die Weisheit verlangt Einsicht, Kunstfertigkeit, Intelligenz, geht aber noch darüber hinaus – besser sollte man sagen: »über sie hindurch« – und sie erreicht eine andere Schicht der Wirklichkeit, eine andere Tiefe.

Wer in der biblischen Tradition zu Hause ist, kennt die Weisheitsbücher und weisheitlichen Aussagen der jüdischen Überlieferung[2]. Diese alten Texte, die auf ägyptische Hintergründe Bezug nehmen, sagen uns klarer, was Weisheit ist, als ich es hier beschreiben kann. Ich brauche sie nicht zu wiederholen. Statt dessen möchte ich den Leser zu einer persönlichen Besinnung einladen. Dabei setze ich wohl eine gewisse Kenntnis jener Weisheitsliteratur voraus. Aber mein Anliegen ist keine Abhandlung über die Vergangenheit, sondern eine Einübung in die Weisheitserfahrung für uns heute[3]. Ich möchte ein wenig spielen mit dieser Weisheit, weil ich weiß, daß sie das gerne tut (Spr VIII,30–31).

Das Wort Weisheit ist sprachgeschichtlich verwandt mit *vidyâ, veda, idein, videre,* Vision, Wissen; das griechische Wort *sophia* und das lateinische *sapientia* weisen auf Erfahrung, Kunstfertigkeit und Geschmack hin. Und obwohl die Weisheit in anderen Sprachen andere Kontexte zeigt, scheinen diese beiden Momente immer in dem jeweiligen Begriff enthalten zu sein. Der hl. Bonaventura macht das deutlich, wenn er *sapientia* von *sapor* und *sapere,* von Geschmack und Wissen, ableitet (II Sent.d.4, dub. 2). Er benennt damit eine affektive, sinnenhafte, den Geschmack berührende und eine intellektuelle, erkenntnishafte, wissenschaftliche Seite der Weisheit. Sie ist zugleich *technê* und *epistêmê,* Tun und Wissen, Praxis und Theorie. »Weisheit ist Frömmigkeit«, sagt die Bibel, kommentiert Augustinus und wiederholt Bonaventura, d. h. die kindhafte, filiale Beziehung zu der Quelle allen Seins[4].

Heraklit hat gesagt, daß *sôphronein,* gesundes Denken, die größte Tugend sei; und Weisheit, *sophia,* bestehe darin, Wahres zu reden und gemäß der Natur zu handeln, indem man auf sie hört[5].

»Nur eines ist weise«, sagt er an anderer Stelle, nämlich »die Einsicht zu erkennen, die alles durch alles lenkt«[6]. Das erinnert an den *pratîtyasamutpâda,* die »grundsätzliche Zusammengehörigkeit aller Dinge« im Buddhismus[7], wie auch an das *sarvam sarvâtmakam,* »alles ist mit allem verbunden« des Shivaismus[8].

Unser erster Schritt führt uns daher zu der Einsicht, daß Weisheit einer bestimmten Ganzheitserfahrung gleicht, die unser Leben gestaltet.

(2) Mehr als eine weitere Beschreibung der verschiedenen Aspekte der Weisheit wird es uns vielleicht nützen, die »Unweisheit« ins Auge zu fassen und durch ihren Gegenbegriff zu lernen, was die Weisheit heute von uns verlangt. Das Gegenteil von Weisheit ist nicht etwa Ungeschicktheit und Unwissenheit, denn die Weisheit hat nicht nur im Tun oder im Wissen ihren Ort. Es ist auch nicht die Dummheit. Sehr oft ist der Dumme, der Narr, eigentlich der Weise, auch in der westlichen Literatur. Die Etymologie legt uns nahe, daß *dumm* und *stumm* zusammenhängen (vgl. englisch »dumb«). Der Wurzel nach *(stem)* ist Dummheit mit Stammeln, Stottern, Stoßen und Anstoßen verwandt. Der Weise ist oft stumm. Es ist aufschlußreich und für unsere Zeit wichtig zu erfahren, was Heraklit innerhalb der besten westlichen Tradition formuliert hat: Das Gegenteil der Weisheit ist die Vielwisserei, die *polymathia*. Genauer gesagt, ist die *Quelle* der Vielwisserei die eigentliche »Unweisheit«. Sie entstammt dem Bedürfnis, viele Dinge kennenzulernen. Dieses Bedürfnis – würde der Buddha hinzufügen – ist der Ursprung allen Leidens. Wenn es allerdings vorhanden ist, sollte man es nicht in irgendeiner Weise verdrängen. Aber die Vielwisserei, so Heraklit, bringt keinen Verstand hervor und läßt keine Weisheit entstehen[9].

Schon zu seiner Zeit, im fünften vorchristlichen Jahrhundert, hatte jener Satz einen polemischen Charakter. Heraklit wendete sich gegen Xenophanes, sogar auch gegen Pythagoras. Das Fragment wendet sich grundsätzlich gegen die Spezialisierung als Methode, um Weisheit zu erlangen. Die grundsätzliche Polemik erscheint um vieles radikaler im Blick auf die neuzeitliche Entwicklung der Philosophie. Sozusagen in proleptischer Vision hat damals Heraklit gegenüber Descartes betont, daß echte Weisheit da unmöglich sei, wo das Wissen das Bedürfnis hat, sich zu teilen und zu verteilen, um etwas über die Welt und ihre Gegenstände zu wissen. Heraklit wendet sich gegen die Fragmentierung des Wissens, gegen die Analyse als notwendige Methode der Erkenntnis[10]. Das ist höchst aktuell! Es ist pervers, wie wir durch Informationen bombardiert werden, als bräuchten wir sie, um menschlich leben zu können.

Was wir wissenschaftlichen Fortschritt nennen, ist nichts anderes als die Ausweitung der Fachwissenschaften, die sich mehr und mehr spalten, um uns weniger und weniger aufzuklären. Das Bedenkliche aber besteht darin, daß uns solch eine Methode zum ernsten Bedürfnis geworden ist, daß wir diesen analytischen Weg für »natürlich« halten. Wir sagen Forschung und meinen Eingriff in die Natur.

Was immer das sein mag, und wie vorteilhaft für die Eliten die moderne Wissenschaft auch ist: Ein Wissen, das man zerstückeln kann, dessen Fortgang immer weitere Zerstückelung erzwingt, sobald man einmal damit angefangen hat, ist nicht Weisheit. Wir finden mehr und mehr Teilgebiete, Entdeckungen, interessante und anziehende Ergebnisse. Doch am Ende können wir die Dinge nicht mehr zusammenbringen – wie das Kind, das sein Spielzeug zerlegt hat. Wir können nicht mehr spielen, weil wir so besetzt sind von der Analyse der verschiedenen Teile, in die wir die Wirklichkeit zerlegt haben.

Die ganzheitliche Haltung ist verlorengegangen, weil der Mensch auf Vernunft reduziert ist, die Vernunft auf Verstand und dieser auf die Fähigkeit zur Klassifizierung und das Vermögen, Gesetze über das Verhalten von Dingen zu formulieren. Diese Art des Wissens hat durchaus ihren Platz im Leben und ist sogar nützlich. Das Problem ist nicht das Wissen selbst, sondern unser Bedürfnis, in diese analytische Richtung zu gehen, und daß wir dabei die Ganzheit vergessen. Wir nennen es die Vergessenheit des Selbst, des *âtman*, des Ganzen, dessen Zentrum durch uns hindurchgeht. (Um uns an dieser Stelle nicht in philosophische Diskussionen zu verstricken, sprechen wir nicht von der Vergessenheit des Seins, aber ich vermute, daß Heidegger diese Problematik auch gesehen hat).

Die Einfalt der Weisheit bedeutet nicht künstliche Vereinfachung (Simplifizierung) des Lebens, sondern die Entdeckung, daß ich die ganze Realität berühre, mich ihr annähern, sie erkennen kann, wenn ich nur mich selbst nicht vergesse, mich nicht ausschalte; wenn ich die Wirklichkeit nicht verobjektiviere und mich dadurch zum abgetrennten Subjekt mache. Diese ganzheitliche Erfahrung ereignet sich dort, wo Theorie und Praxis zusammenkommen, wo mein Bedürfnis nach Erkennen sich nicht von meinem Dasein verselbständigt: dort, wo sich mein Herz rein bewahrt. Viele Traditionen sagen, daß die Erkenntnis, das Wissen um das Gute und das Böse, die Ursünde der Menschheit ist (vgl. Gen II,17). Sünde bedeutet hier Abkehr und Absonderung von der Zusammengehörigkeit alles Seienden.

Unser zweiter Schritt kommt damit näher an uns heran. Er zeigt uns, daß die Weisheit als ganzheitliche Grundhaltung von der Transparenz unseres Selbst abhängt, von der Echtheit unseres Lebens. Weisheit ist persönliche Harmonie mit der Realität, Einklang mit dem Sein, Tao, Himmel, Gott, Nichts ...

(3) Weder die Weisheit noch die Wahrheit sind ausschließlich intellektuelle Grundwerte. Wie schon angedeutet, ist die Weisheit eine Haltung, die aus Erfahrung entsteht und deshalb sowohl Einsicht als auch Tun voraussetzt: *sapere* und *sapor*. Nicht einmal das Wissen der Weisheit ist eine bloß rationale Tätigkeit, sondern vielmehr eine Berührung mit der Wirklichkeit, eine Realisierung, die eher einem Nicht-Wissen gleicht. Daran werden wir von östlichen wie westlichen Traditionen ständig erinnert. Im Abendland ist die Tradition des Apophatismus, der »gelehrten Unwissenheit« *(docta ignorantia)* oder der »Wolke des Nichtwissens« über zweieinhalb Jahrtausende alt. »Der Mensch, der am meisten mit Gott verbunden ist in diesem Leben, ist ihm verbunden als einem gänzlich unbekannten« *(unitur ei sicut omnino ignoto)*, sagt Dionysius Areopagita[11], und Thomas von Aquin hat diesen Satz ausdrücklich anerkannt[12]. Thomas selbst ist der Auffassung, daß das Höchste der menschlichen Gotteserkenntnis gerade darin besteht, zu wissen, daß wir Gott als Gott nicht erkennen[13]. Und Evagrius Ponticus rief aus: »Selig ist jener, der eine unendliche Unwissenheit *(agnôsia)* erreicht hat« (*Kephalaia Gnostika, Centuria* III,88).

Die Weisheit der *Upanishaden* sagt uns, daß wir nicht nach der Vielheit streben sollen, sondern nach jenem, in dem man, wenn man es erkennt, alles erkennt[14]. Gibt es ein solches? Wodurch könnte ich das erkennen, durch das alles Erkennen geschieht, durch das alles erkannt wird? Viele Traditionen (um nicht zu sagen: fast alle) haben den aktiven und verwandelnden Charakter des Erkennens betont: Man wird, was man erkennt, und gleichzeitig erkennt man nur das, was man bereit ist zu werden. Die mittelalterlichen Scholastiker haben es so gesagt: Man erkennt nur das, was man liebt. Das Wichtigste ist dieses Werden, das die Kommunion mit der Wirklichkeit erschafft.

Weil auch die Wahrheit jenen existentiellen Charakter hat, gehören Weisheit und Wahrheit zusammen[15]. Der *Râmâyana* sagt: »Die alten Weisen und auch die Götter haben ja nur die Wahrheit *(satyam)* hochgeachtet: Wer in dieser Welt die Wahrheit redet, geht zur höchsten Wohnung ein« (II,109,11). Eine andere Stelle formuliert: »Die Weisheit *(satyam)* ist Gott in der Welt. Auf der Weisheit beruht stets das Recht. In der Weisheit wurzelt alles. Eine höhere Stufe gibt es nicht« (II,109,13). »Ob der Weisheit *(satyam)* steht die Erde, ob der Weisheit scheint die Sonne, ob der Weisheit weht der Wind: Alles beruht auf der Weisheit« (*Vrddha-Kânakja* V,19)[16]. Und eine Stelle des *Mahâbhârata* formuliert es so: »Durch Weisheit wird das Gesetz *(dharma)* bewahrt; durch Fleiß und Praxis das Wissen *(vidyâ)*; durch Reinlichkeit die Schönheit« (V,1132). Ganz ausdrücklich sagt die christliche Scholastik, daß man »vom Intellekt anfangen soll und bei der Weisheit ankommen«[17]: Die Wahrheit führt zur Weisheit, aber weder automatisch noch sie allein.

Überall gibt es eine menschliche Sehnsucht nach Weisheit. Und sie scheint eine der tiefsten Sehnsüchte des Menschen zu sein. Die Pflanze liebt das Licht; die Tierwelt will auch glücklich sein; der Mensch will das auch, aber außer alledem immer noch tiefer und weiter. Er ist Mensch, weil er weisheitsfähig ist und sich nach dieser Weisheit sehnt. Das dritte Auge, die Erlösung, die Erleuchtung, *satori*, die Auferstehung, all das sind Symbole der Weisheit. Wir können wahrlich sagen, daß in diesem Sinne die Weisheit eine menschliche Invariante ist.

Diese Weisheit erreicht man nicht, indem man *vieles weiß*, sondern indem man *nicht* weiß. Man muß durch den Intellekt hindurchgehen, ihn nicht negieren, sondern ihn wirklich transzendieren. Nur dann ist das Wissen kein Hindernis für das Leben. Die *Kena-Upanishad* sagt uns ein sehr hartes Wort: »Nicht erkannt von denen, die es erkennen; erkannt von denen, die es nicht erkennen« (II,3)[18]. Das geht noch über die sokratische Haltung hinaus. Die Stelle sagt, daß die, die erkennen, nicht wissen. Also sind die, die erkennen, daß sie nicht wissen, noch immer Wissende, und somit erkennen auch sie nicht. Paulus würde sie »die Weisen dieser Welt« nennen. Das sind die Akademiker, Professoren und alle anderen selbsterklärten »Weisen«, die wissen, daß sie nicht wissen. Wenn sie aber wissen, daß sie nicht wissen, können sie nicht glücklich sein. Nur die sind Weise, die so sehr Nicht-Wissende sind, daß sie nicht einmal wissen, daß sie nicht wissen. Kein Platz für Ansprüche hier!

Das ist kein Paradoxon, sondern eine tiefe menschliche Erfahrung, die jeder in sich vollziehen kann. Es ist die totale Negation jeder elitären Auffassung über die Weisheit. So sagt die hebräische Bibel, daß ein jeder zu ihr kommen und sich an ihren Früchten sättigen darf (Spr IX,3ff. und Sir XXIV,19).

Paulus führte in das Denken des Christentums eine Spaltung ein, die im Gegensatz zu vielen anderen Traditionen der Religionsgeschichte steht, indem er von zwei Weisheiten spricht: von der *sophia* der Welt oder des Fleisches und von der *sophia* Gottes, jener Gottesweisheit, die im Mysterium verborgen ist[19]. Das hat in der christlichen Tradition einen Dualismus bewirkt, von dem viele Christen noch nicht ganz geheilt sind. Vielleicht war diese Spaltung in der Situation des Paulus realistisch und gut, aber es bedeutete eine religionsgeschichtliche Sonderentwicklung, in der jene grundlegenden Charakterzüge der Weisheit mit der Zeit verstellt worden sind – mit schwerwiegenden Folgen.

Unser dritter Schritt läßt uns ohne jeden Halt. »Die, die wissen, sprechen nicht; und die, die sprechen, wissen nicht«, sagt das *Tao-te king* (56; vgl. auch 81). Wer glaubt, daß er »angekommen« sei, soll aufpassen, daß er nicht fällt, warnt Paulus. Der Straßenräuber, Sünder, Sklave ... wird am Ende gerettet, und der Mönch, der Asket, der (scheinbare) Heilige geht verloren, erzählen Legenden aus aller Welt. Nicht wer will, sondern wer »erwählt« wird, sagen *upanishadische, shivaitische* und christliche Texte. So führt uns dieser dritte Schritt zur reinen Gnade, gegen die unser Wille ohnmächtig bleibt.

Wohnung

(1) Eine Wohnung ist kein Kleid, keine individuelle Angelegenheit, kein privates Heil. Die Weisheit ist nicht *für mich*, ich kann sie nicht besitzen, manipulieren, genießen. Ich kann sie nicht, auch nicht für irgendeinen guten Zweck, gebrauchen, verbrauchen, mißbrauchen. Den Verstand kann man manipulieren und als Waffe gebrauchen; man kann mit ihm kämpfen und siegen, den weniger Verständigen übertrumpfen, ihn überzeugen. Das gleiche gilt auch für die Vernunft[20]. Es wäre jedoch eine völlige Entartung der Natur der Weisheit, wollte man sie in diesem Sinne als Waffe, als Werkzeug für irgendeinen Zweck gebrauchen. Die Weisheit ist kein Gegenstand. Sie ist nicht einmal nützlich. Sie dient zu nichts. Sie ist keine Dienerin. Sie ist völlig überflüssig. Nur im Überfluß existiert sie; nur indem man sie fließen läßt. Man kann sich nicht einmal schmücken mit ihr. Die Weisheit kann man nicht erlangen, erobern, ergreifen, begreifen, um sie dann vielleicht für gute Zwecke einzusetzen. Kein Individualismus wird die Weisheit je auffinden.

Das Wort »Wohnung«, *oikos* in der *Septuaginta*, meint ganz gewiß nicht das, was man heute geläufigerweise darunter versteht: eine mehr oder weniger erträgliche Garage, die uns – etymologisch gesprochen – »verteidigt«, und die alle nötigen Annehmlichkeiten für das Wohlbefinden enthält, um unser Leben bequem und bis zu einem gewissen Maß fröhlich zu machen. »Der Weisheit eine Wohnung bereiten« bedeutet nicht, ihr eine Garage einzurichten. Es ist Zeichen einer modernen, quantifizierten Kultur, daß in fast allen Großstädten die Häuser (wenn nicht sogar die Straßen) ihre Namen verloren haben oder gar nicht erst bekamen, sondern sich allein durch Zahlen, Hausnummern unterscheiden. »Eine Wohnung bereiten« bedeutet nicht, eine gewisse Heimatlosigkeit zu überwinden, indem ich von nun an weiß, daß ich ein Privateigentum besitze, für das ich sieben Schlüssel habe, und wo ich die Zinsen der »Weisheit« genießen kann. Die so oft beklagte Heimatlosigkeit des modernen Menschen besteht gerade darin, daß die naturwissenschaftliche Kosmologie nicht imstande ist, ihm eine menschliche Wohnung anzubieten. Die naturwissenschaftliche Welt ist keine Wohnung. Der Mensch ist verloren in der quantitativen Wüste eines »sich ausdehnenden« Universums und einer Kette aus Millionen von Jahren zurück bis zu unseren tierischen Vorfahren. Er ist heimatlos, weil das naturwissenschaftliche Weltbild das menschliche Maß verloren hat, und noch mehr deshalb, weil seine Wohnung nicht von der Weisheit, sondern von einer extrapolierenden Rechnerei aufgebaut wurde. In einem solchen Universum kann sich der Mensch nicht heimisch fühlen. Kein Wunder, daß die Mobilität ein Merkmal der modernen Gesellschaft ist: Millionen von Touristen ziehen nur umher, machen Touren; die Bürger der USA wechseln im Durchschnitt alle vier Jahre ihre Wohnung. Ein Domizil, das nicht von der Weisheit aufgebaut wurde, ist keine Wohnung.

Die erste Dimension der Wohnung ist also die Welt als unsere Heimat. Die Welt ist eine Wohnung für alle Menschen, auch für die Obdachlosen, für die Armen, für das Volk. In echtem franziskanischem Geist spricht Bonaventura von einer vielförmigen Weisheit, die sich auf verschiedene Weisen erfahren läßt, so daß sie den Stolzen verhüllt und den Geringen aufgetan wird[21]. Die Weisheit ist nicht kompliziert, sie ist nicht die Summe vieler Kenntnisse, nicht einmal mannigfaltiger Erfahrungen. Man kann sie nicht anhäufen, akkumulieren. Es kann niemals eine Kapitalisierung der Weisheit geben. Die Wohnung ist eher eine Karawanserei mit offenen Höfen unter freiem Himmel, für jeden Pilger auf dieser Erde. Darf ich Meister Eckharts »Abgescheidenheit« als eine Abscheidung von jeder Scheidung auslegen?[22]

Der Mensch ist der Einwohner einer bewohnten und bewohnbaren Welt. Es kann keine Erfahrung der Weisheit geben, wenn man die Welt nicht als die eigene Heimat erlebt. Für den modernen Menschen ist das schwieriger, wenn auch manchmal weniger gefährlich als für frühere Generationen, denn er lebt in einer Welt ohne Engel, Gespenster, Götter, Winde und andere Lebewesen. Der Stadtmensch wohnt nicht mit Tieren und Wäldern. Doch ist es unmöglich, die Welt als Wohnung zu erleben, wenn wir Menschen nur noch isolierte Atome in einem quantitativen Universum sind. Es läßt uns nicht mehr erleben, was die Astrologie lehrte und Gregor der Große einmal stolz kommentiert hat: »Der Mensch ist nicht für die Sterne, sondern die Sterne sind für den Menschen geschaffen«[23]. Thomas von Aquin steigert sogar dieses Gefühl, wenn er mit den Astrologen – wie er selbst sagt – übereinstimmt und behauptet: »Der weise Mensch beherrscht sogar die Sterne«[24]. Beide erkennen damit die Voraussetzung der Astrologie voll an, daß der Mensch mit den Sternen in Beziehung steht; was sie ablehnen, ist nur die Fesselung des Menschen in die Sternenbahnen.

Mit einem Wort, die erste Wohnung der Weisheit ist unser Universum, unsere Welt und, noch konkreter, die Mutter Erde. So kann man vielleicht auch einen Zugang zu dem Wort »Ökosophie« gewinnen, das von Ökologie grundsätzlich zu unterscheiden ist.

Es ist hier nicht die Gelegenheit für eine eingehende Kritik jenes zumeist unbewußten Verlangens in unserer Kultur, die Erde zu verlassen, was uns ja die moderne Technologie zumindest als eine gewisse Möglichkeit erahnen läßt. Man könnte dies als eine *fuga mundi* interpretieren. Es wäre aber keine Reise fort von der Erde, sondern eine Flucht vor sich selbst. Dieses Syndrom enthält für unser Thema einen wichtigen Kern: Wenn man sich auf der Erde nicht wohlfühlt, wenn sie nicht Wohnstätte der Weisheit ist, dann ist es nicht verwunderlich, wenn man von interstellaren Reisen träumt und sich vorstellt, die Erde zu verlassen; dann ist sie nämlich ausschließlich eine Art Unterlage, auf der wir dank des Newtonschen Gravitationsgesetzes »draufsitzen« oder vielleicht »gravitieren» können, etwas, das keine innere Beziehung zu uns hat. Dem Schamanen geht es um etwas ganz anderes, wenn er seinen irdischen Leib verläßt, um seine Himmelsreise anzutreten. Er verläßt die Erde mit dem Ziel, wieder zurückzukehren, etwas von der verborgenen Weisheit mitzubringen und den Mitmenschen in bestimmter Weise helfen zu können. Eine solche Reise ist keine Flucht von der Erde. Denn die Erde ist die Wohnung. Die modernen Raumfahrten dagegen sind eine anthropologische Entfremdung und auch nicht dem Drang der Argonauten zu vergleichen.

(2) Wohnung bedeutet auch Haus, es ist ein Gebäude, das man bauen muß. Unser biblischer Text spricht nicht von einem »Habitat«. Er redet von der Tätigkeit selber, sich eine Wohnung einzurichten: *oikodomeô, aedificare*; *oikia, aedes*: einen Tempel, ein Haus, eine Wohnung zu bauen. Man könnte die Übersetzung wagen: »eine Wohnung wohnen«, sie als Wohnung gestalten, indem man sie bewohnt. Eine nicht bewohnbare und auch eine nicht tatsächlich bewohnte Wohnung ist keine Wohnung – genauso wie ein nicht gesungener Gesang kein Gesang ist. Aber was uns hier besonders angeht, ist der politische und meta-politische Charakter dieser Tätigkeit des Wohnens. (Mit Politik ist dabei die öffentliche Tätigkeit des Menschen *(politeuma)*, das menschliche Werk in der *polis* gemeint und gerade nicht die Spezialbeschäftigung des »Politikers«.)

»Eine Wohnung«, sagt unser Text; keine Höhle, keine Grube, sicher keine Hölle, kein verborgener Raum, kein esoterisches Geheimnis. Das echte Mysterium ist offen und zugänglich; die echte Weisheit ist einfach und deshalb vielleicht schwer zu finden, aber sie ist jedenfalls kein elitäres Geschäft[25]. »Nichts ist verborgen, es sei denn, damit es aufscheine« (Mk IV,22). Das wahre Esoterische ist nicht eine zweite Lehre, sondern nur die unsichtbare Seite des Exoterischen, unsichtbar denen, die Augen haben, aber doch nicht sehen (vgl. Jes VI,9f.; Mt XIII,13; Mk IV,12f.; Joh XII,40 usw.). »Das große Geheimnis liegt gerade darin, daß es kein Geheimnis gibt«, sagt ein »geheimnisvoller« Text des Shivaismus von Kashmir[26]. »Die

Herzgeheimnisse, die man verbergen will, sind allen augenscheinlich«, sagt das *Chung Jung* (I,1,3).

Die größte Umwälzung des Christentums gegenüber seinen jüdischen Quellen besteht vielleicht darin, daß die Weisheit nicht mehr als Privileg von Gelehrten, Aristokraten, Auserwählten, »Gläubigen«, Gerechten dargestellt wird, nicht einmal als Privileg der »Weisen«. Das Heil ist allen zugänglich. Die Weisheit ist erreichbar für Dirnen, Samaritanerinnen, Zöllner, Unbeschnittene und vor allem für das einfache, arme Volk, die *anawim* (vgl. Mt XI,25, um nur eine Stelle zu nennen). Das mag vielleicht erklären, warum Paulus einen doppelten Weisheitsbegriff eingeführt hat[27]. Die Weisheit hat eine sichtbare Wohnung: »Man zündet auch keine Leuchte an und stellt sie unter den Krug, sondern auf den Leuchter: Dann strahlt sie allen im Haus« (Mt V,15; vgl. Mk IV,21; Lk VIII,16; XI,33). Die Wohnung ist weder eine Höhle für »Vollkommene« noch ein Schloß für Privilegierte; es ist eine Wohnung für alle (vgl. Joh XIV,2)[28]. Der heilige Bonaventura sagt: »Unsere Seele wird von der göttlichen Weisheit gleich einem Haus Gottes bewohnt«[29]. Und er fügt hinzu, daß sie »Tochter Gottes, Braut und Freundin geworden« ist.

Die Wohnung ist also nicht nur die Erde und auch nicht nur unser innerstes Gemach, wie wir noch sagen werden, sondern ein Haus, eine regelrechte Wohnstätte; eine Bleibe, wo wir uns niederlassen können; ein Heim, wo wir wir selbst zu sein vermögen, wo wir ein menschliches Verhältnis zu den Dingen haben können. Wir brauchen diese Weisheit nicht zu verbergen, nicht einmal zu schützen und zu verteidigen. Genauso, wie ein freier Mensch ohne Waffen seinen Geschäften nachgeht, braucht ein wahres Haus in einer echten menschlichen Kultur kein elektronisches oder sonstiges Verteidigungssystem. Die echte Weisheit braucht keine Leibgarde, nicht einmal ein *copyright*. Wenn sie in eine bewaffnete Wohnung eingeladen wird, flüchtet die Weisheit sofort.

(3) Weiter sagen uns die Texte, daß die Weisheit eine doppelte Wohnung hat. Auf der einen Seite ist das menschliche Herz

(leb) die Wohnung der Weisheit (Spr II,10), wobei das Herz Symbol für die Ganzheit der menschlichen Person ist[30]. Das Herz ist zugleich intellektuell, geistig und leiblich, es folgt den Rhythmen der Natur und steht auch mit anderen Herzen in Beziehung und Symbiose. Auf der anderen Seite ist die ganze Erde die Wohnung der Weisheit (Spr VIII,22–31). Die Wohnung ist also weder nur ein kleines Haus noch eine bestimmte Stadtbevölkerung oder Zivilisation, sondern das menschliche Herz und die Erde als ganzes. »Im guten Herzen des Menschen (ruht die) Weisheit«, sagt die Bibel (Spr XIV,33). Und die Erde ist ihre Wohnstätte, fügt sie hinzu (Spr VIII,2f.). Der *Rig Veda* singt: »Indem die Weisen in ihren Herzen mit Einsicht nachgesonnen haben, fanden sie die Verbindung zwischen Sein und Nichtsein« (X,129,4). Noch präziser formuliert eine *Upanishad:* »Durch das Herz wird die Wahrheit (Weisheit) erkannt; denn wahrlich, im Herzen hat die Wahrheit (Weisheit) ihre Wohnung (Grundlage, Grund)«[31].

Die chinesische, die indische und die christliche Tradition sprechen vom Herzen der Welt und finden eine enge Korrelation mit dem menschlichen Herzen: »Genau so groß wie der Weltraum *(âkâsha)* ist der Raum innerhalb des Herzens *(antar-hriday'âkâsha)*. In ihm ist Himmel und Erde, Feuer und Wind, Sonne und Mond, Blitze und Sterne, was (unter uns) ist und was nicht (unter uns) ist, alles ist darin enthalten« (CU VIII,1,3).

Eine andere *Upanishad* wiederholt, was sich später als allgemeine Überzeugung verbreitet hat: »Das Herz, wahrlich, ist *brahman*. ... Dieses Herz ist seine Wohnung (*âyatana* – wohin man eingeht und darin bleibt), der Raum *(âkâsha)*, sein Grund *(pratishthâ)*, man muß es erkennen, um fest zu sein. ... Das Herz ist die Wohnung alles Seienden, das Herz ist der Grund alles Seienden, alle Seienden gründen sich auf dem Herzen.« (BU IV,1,7).

Es ist bekannt, daß auch bei den semitischen Völkern das Herz (hebräisch *leb*, akkadisch *libbu*) mit *rûach* (dem individuellen menschlichen Geist), *nefesch* (Seele, Leben), *neschamah* (Atem), Nieren und auch Fleisch zusammenhängt, wie das übrigens auch in afrikanischen Kulturen der Fall zu sein scheint. Kurzum, das Herz ist das Zentrum des Menschen und als solches der Sitz der Weisheit. Das Zentrum hat dieselbe Entfernung zu jedem Punkt des Kreises. Der Weise ist gleichmütig, gerecht, unparteiisch, wie die chinesischen Klassiker betonen. Wir können zusammenfassen: Die Weisheit ist kein Spezialgebiet.

Die Weisheit ohne ihre Wohnung ist nicht Weisheit, sondern lediglich eine Abstraktion, ein Begriff. Die Weisheit muß inkarniert sein, Wurzeln besitzen. Keine Wohnung ohne Fundamente! Ohne die innere Erfahrung, ohne die Wohnung der Weisheit ist die Weisheit nichts. Wohnen und Sein hängen sogar etymologisch zusammen. Wohnen ist die Seinsweise der Weisheit. Man wohnt, indem man einen Aufenthalt bildet, indem man einen Ort entdeckt. Man wohnt nicht irgendwo, sondern an, auf einem bestimmten *Wo.* Dieses Wo ist die Erde, das Haus und das menschliche Herz. Die Weisheit ist immer zu Gast. Nicht ohne tieferen Grund war die Gastfreundschaft die erste Pflicht der Menschen gegenüber ihren Mitmenschen. Man soll die Weisheit empfangen – wie eine Mutter ein Kind empfängt. Wir können sie aber alleine nicht gebären, so wie das auch keine Frau kann.

Jede Empfängnis braucht einen Schoß. Der Schoß der Weisheit ist ihre Wohnung. Sie wohnt in uns, wie die christlichen Mystiker die Inkarnation erfahren haben: »Und hat unter uns gewohnt« (Joh I,14) – zeltend *(eskênôsen)*, solange wir die Wohnung nicht auf unserem Herzen gründen. In der westlichen Tradition des 12. Jahrhunderts formuliert Hugo von Sankt Viktor etwas, das seit Augustinus gängige Auffassung war: Es gibt drei Aufenthaltsorte: die Welt, die menschliche Gesellschaft und die Seele des Einzelnen. Alle drei sind Wohnungen des Göttlichen, die „Aufenthaltsorte Gottes". Wir können es auch so ausdrücken: Das Göttliche, das Menschliche und das Kosmische haben die gleiche Heimstatt.[32]

Bereiten

(1) Eine Wohnung steht nicht fertig da. Sie ist nicht ein Ding der Natur, sondern der Kultur. Wir haben schon gesagt, daß man eine Wohnung bewohnen muß. Eine leere Wohnung ist keine Wohnung. Eine rein theoretische Weisheit ist keine Weisheit. Die Weisheit tritt in ein unbewohntes Haus nicht ein. Aber bevor man sie bewohnt – oder vielleicht gleichzeitig – muß man eine Wohnung bauen, bilden, einrichten: Man muß sie bereiten.

Einige biblische Texte sagen uns, daß die Frau es ist, die die Wohnung für die Weisheit erbaut (vgl. Spr XIV,1). Ähnlich lehren uns indische Sprüche, daß das Weib das Haus bewahrt, wie der *dharma* das Wohlergehen (die Reichtümer)[33]. Aber die Wohnung zu bauen, ist keine Aufgabe für Ingenieure, sondern ähnelt vielmehr dem Gebären. Der *Atharva Veda* sagt, daß das Haus durch den Kult entsteht und von den Weisen erbaut ist (IX,3,19). Wie kann man eine Wohnung bereiten?

Die Weisheit darf man nicht suchen. Man kann ihr nur eine Wohnung bereiten. Wenn man die Redensart vom Suchen der Weisheit benutzt, kann das nicht bedeuten, daß man ihr nachjagen sollte, als ob sie ein Gegenstand wäre, ein Etwas, dem man hinterherlaufen könnte. Sie stellt nicht das Endziel einer langen Pilgerschaft dar.

Die Weisheit, so steht es in den biblischen Texten, übertrifft die Perlen an Schönheit (vgl. Spr III,15; Weish VII,29–30; Ijob XXVIII,18 und auch Spr XXXI,10). Wenn man in eine andere Tradition hinüberspringt, kann man das mit Chuang-tzu kommentieren, der sagt, daß die Zauberperle nur durch Absichtslosigkeit gefunden werden kann. Jede Suche nach Schönheit würde diese antasten und ihr den Glanz nehmen, wie wenn man mit den Fingern die Flügel eines Schmetterlings berührt. Man muß sich von der Schönheit überraschen, ja umwandeln lassen. Keine Denk-Gewalt, keine Anstrengung, keine Suche führt zu diesem Ziel. Die Suche nach der Weisheit würde ihre Unabhängigkeit und souveräne Freiheit bemäkeln und beschmutzen. Es gibt zwei Möglichkeiten: Entweder will ich der

Herr der Weisheit sein und über sie als meine Magd verfügen, brauche dies und das von ihr, will Wissen, Macht und Wonne und kann das vielleicht auch erreichen – oder ich lasse mich von ihr durchdringen, erleuchten, bewohnen. Dann liegt die Initiative bei ihr, und das gehört zur rechten Ordnung der Wirklichkeit, so daß alles, was ich sonst noch finden könnte, für mich keine Weisheit mehr wäre. »Wer mich findet, findet Leben« (Spr VIII,35). Nicht die Weisheit ist es also, was man findet, sondern das Leben; kein gefundenes Objekt, sondern das eigene, echte Leben. Denn die Weisheit ist kein Objekt. Man kann sie nicht suchen.

Es ist der Weisheit angemessen, daß man vor ihr ohne Macht ist. Denn sie selbst hat keine Macht. Sie ist nur mit Autorität beschmückt von denen, die sich spontan von ihr besuchen lassen. Sie ist weder ein Objekt des Intellekts noch des Willens. Dies war eine der Hauptlehren des Buddha: Jede Begierde, auch der Wunsch nach *nirvâna*, zerstört beide, den Suchenden und das Gesuchte. Vielleicht könnte hier eine sprachliche Unterscheidung zwischen spontaner Betrachtung (*tractare*, trachten, *aspire*) und bewußtem Wunsch hilfreich sein.

Wir können das Gesagte mit einer chinesischen Erzählung des Huang Po *(Hsi-yün)*, eines *Ch'an*-Meisters aus dem neunten Jahrhundert, verdeutlichen (die ich ein klein wenig verändere). Sie berichtet von einem einsamen Sucher, der am Fuße eines Berges steht und ebenso inbrünstig wie verzweifelt nach oben schreit – um die Weisheit zu suchen, wohlgemerkt. Schließlich hört er eine Stimme vom Gipfel des Berges, die ihm zu antworten scheint. Er vernimmt sie sehr klar, und er müht sich auf den Berg hinauf. Als er oben ankommt, ist Ruhe, keine Stimme, alles still, nichts. Er geht enttäuscht wieder hinunter; er weiß aus den Büchern, daß man sich nicht so schnell geschlagen geben darf und fängt wieder an zu schreien – man kann dafür auch sagen: beten, forschen, suchen, wollen. Da hört er die Stimme aufs neue. Wieder läuft er auf den Berg hinauf: Nichts! So geht es immer weiter. Als er schließlich resigniert in Stille unten verharrt, hört er nichts mehr. Da entdeckt er, daß das, was er gehört hatte, nichts anderes als das

Echo seiner eigenen Stimme gewesen war[34]. Sollte ich diese Geschichte mit der des Prometheus vergleichen? Bereiten heißt warten.

(2) Bereiten bedeutet also nicht Jagd auf die Weisheit; es besagt aber, daß man sich bereithalten soll. Dabei geht es strenggenommen nicht um Vorbereitung im Hinblick auf etwas Kommendes. Die Weisheit läßt sich nicht manipulieren, auch nicht in der subtilen Weise der Erwartung. Hoffnung ist nicht auf die Zukunft angewiesen. Sie bezieht sich auf die unsichtbare Dimension der Realität und nicht auf etwas Problematisches, das bevorsteht.

Unser Text sagt nicht, daß wir uns auf das Kommen der Weisheit nur vorzubereiten brauchen, so daß sie automatisch erscheint, wenn wir fertig sind. Sondern er sagt uns, daß die Weisheit selber sich eine Wohnung bereitet. Wir brauchen uns nicht einzumischen. Jede egozentrische, vom eigenen Willen bestimmte Spiritualität ist verdächtig. Unsere Bereitschaft besteht gerade darin, Vertrauen auf die Weisheit zu setzen, d. h. Zuversicht zur Realität zu erlangen, was die Alten etwa *rita, dharma, kosmos, taxis, ordo* nannten.

Diese Bereitschaft setzt eine Reinheit des Herzens voraus, die wir vielleicht mit dem Gedanken der Abgeschiedenheit in der rheinländischen Mystik und des *shûnyatâ* in der buddhistischen *Prajñâ-pâramitâ*-Schule beschreiben könnten. Kein Zwang darf auf die Weisheit ausgeübt werden, keine Erwartung auf gute Ergebnisse unserer guten Taten. So lehren es die *Bhagavadgîtâ* (III,4; IV,18–21; XVIII,49) und andere Weisheitslehren. Die *Gîtâ* nennt – möglicherweise in Anlehnung an buddhistische Aussagen (vgl. *Dîghanikâya* III,275) – gerade denjenigen Menschen weise *(buddhimâna)*, der solche Über legenheit gegenüber seinen Taten erlangt hat. Man bereitet sich auf die Weisheit nicht vor. Man lebt, wie man leben will, muß, soll; man lebt wie man lebt, ungeachtet der Verdienste und Vorteile des eigenen Tuns. Man könnte hier die schönen Zen-Erzählungen erwähnen, die sagen, daß der Meister ißt, wenn er ißt, und schläft, wenn er schläft, und sonst nichts; oder daß für den Erleuchteten die Flüsse wieder Flüsse sind, die Berge Berge und der Marktplatz Marktplatz ist.

Die Weisheit ist eine freie Gabe, ein reines Geschenk. Unsere Bereitschaft zur Weisheit ist ein Ziel in sich selbst, nicht ein Mittel, um uns damit die Weisheit zu erwerben. Von der Weisheit kann man sich nur suchen lassen, anstatt sie zu suchen. Oder genauer: Eigentlich müssen wir nur dafür sorgen, daß wir keine Hindernisse aufstellen. Und nochmals präziser: Wir verhalten uns so, daß wir die Weisheit einfach sein lassen, sie selbst sein lassen – ob sie uns sucht oder nicht. Ist die Weisheit nicht frei? Wollen wir sie in den Käfig unserer Vorstellungen sperren? Für uns Menschen einer patriarchalischen Zivilisation ist es schwierig geworden, diese Mitte zwischen Passivität und Aktivität zu halten. Denn haben wir nicht dic Erfahrung gemacht, daß dieselben Mittel, die uns geholfen haben, eine gewisse Kontrolle über uns selbst zu erlangen, bestimmte Tugenden auszuüben oder einen Grad an Vollkommenheit zu erreichen (um mit den alten Schulen zu sprechen), die größten Hindernisse werden können, wenn wir weiter authentisch leben wollen? Stillesein heißt einfach: *sein*; das Sein belassen; das Sein nicht stören durch Gewalt, durch Tätigkeiten, durch Gedanken; die eigene Aktivität des Seins belassen. Es wäre völlig falsch, dies als Quietismus zu verstehen, obwohl die Gefahr einer gewissen quietistischen Versteifung mitgegeben sein mag. Aber wo Leben ist, da ist Gefahr.

Es geht dabei um die Kunst des Vertrauens, der Erfahrung, der Beobachtung, der Ehrfurcht vor dem Sein. Wenn wir mit den Dingen experimentieren wollen, tun wir ihnen Gewalt an und werden ungeduldig; wir sind ungeduldig, weil wir mit den Rhythmen des Seins nicht im Einklang sind und uns nicht mit ihnen begnügen wollen; wir begnügen uns nicht mit den Rhythmen des Seins, weil wir das Sein nicht sein lassen, d.h. weil wir nicht sein wollen. In dieser Ungeduld zeigt sich die Begierde nach dem Tod, *thanatos*, der unbewußte Todestrieb. Das Sein ist nicht statisch, es hat seinen inneren Rhythmus, den es zu erspüren gilt. *Bereiten* heißt hoffen.

(3) Wie aber kann dieses *Bereiten* aussehen? Bereiten heißt nicht erobern, nicht lernen, auch nicht vorbereiten. Es geht um die feminine Haltung des Bereitseins, die Kunst der Zuversicht, des Stilleseins. Bereiten heißt weder, die Weisheit vergewaltigen, indem wir sie suchen, noch uns vorbereiten in der geheimen Erwartung, daß sie zu uns kommen wird. Damit sich die Weisheit selbst eine Wohnung bereiten kann, bedarf es der Freiheit. Diese Freiheit hat einen Namen. Viele Weisheitstraditionen haben ihn verliehen, auch wenn er nicht ohne Grund in manchen Kreisen in Verruf gekommen ist: Er heißt Gnade.

Gnade kann man nicht *geben*. Niemand kann Gnade erteilen; das wäre Willkür (hier hat die Perversion ihren Anfang, die in der Dominanz und Gewalt der Beamten Gottes und ihrer Vorstellung eines Herrschergottes liegt). Doch kann man Gnade *empfangen*. Diese Haltung ist uns sehr ungewohnt, denn reines Empfangen ist nicht die servile Haltung des Untertanen. Furcht ist hierfür keine Tugend. Nur Liebe läßt empfangen und macht den Empfang fruchtbar. Wir wollen für den Frieden kämpfen; aber wir sind kaum bereit, ihn zu empfangen. Wir wollen für jedes Ding, jede Handlung den Preis bezahlen, und das nennen wir Gerechtigkeit; aber wir sind kaum bereit, etwas kostenlos anzunehmen. Wir wollen einen Grund für alles finden, eine Ursache sogar; aber wir sind kaum bereit, etwas aus reiner Gnade zu vernehmen. Mit einem Wort, wir wollen dies und das, aber wir wollen auf unser Wollen nicht verzichten. Oder können wir es vielleicht nicht? Unser Nicht-Wollen ist noch immer ein Wollen. Das Reich der Gnade steht außerhalb alles dessen, was wir wollen und nicht wollen. Weisheit ist reine Gnade.

Im *Tao-te king* wird gesagt: »Es gibt ein Ding, das ist unterschiedlos vollendet. Bevor der Himmel und die Erde wurden, war es schon da. So still, so einsam. Allein steht es und ändert sich nicht. Im Kreis läuft es und ändert sich nicht. Man kann es nennen: Mutter der Welt. Aber ich weiß nicht seinen Namen. Ich bezeichne es als *tao*. ... Der Mensch richtet sich nach der Erde; die Erde richtet sich nach dem Himmel; der Himmel richtet sich nach dem *tao*; das *tao* richtet sich nach sich selbst« (XXV, Übersetzung nach R.Wilhelm).

Irgendwo in unserer Besinnung müssen wir innehalten. Dort fängt das Reich der Weisheit an. Das Bereiten der Wohnung erscheint dann fast wie ein Zirkelschluß: Will ich die Wohnung bauen, dann zerbreche ich sie – will ich sie nicht bauen, dann wird auch nichts entstehen. Lasse ich die Weisheit ihre Wohnung bereiten, bin ich mir doch irgendwie bewußt, daß sie eventuell ihr Haus bauen wird und wir zusammen wohnen werden. Wie kann ich das nicht wünschen? Wie kann ich es aber vermeiden, durch diesen Wunsch die Weisheit auf meine Maßstäbe zu reduzieren, sie ihrer Freiheit zu berauben? Die Kunst besteht darin, diesen *circulus vitiosus*, diesen Kurzschluß, in einen *circulus vitalis*, einen lebendigen Kreis umzuwandeln. Es kommt alles auf den Ursprung an, auf den Ursprung des Suchens, auf die Quelle des Fragens, auf die Spontaneität des Lebens. »Wo wohnst Du?«, wurde Jesus gefragt (Joh I,38). Denen, die diese Frage stellten, waren wahrscheinlich die Fragen der Weisheitstradition geläufig: »Wo will man aber die Weisheit finden?« »Woher kommt die Weisheit?« Wo ist ihr Ort? Wo wohnt sie? (vgl. Ijob XXVIII,12.20). Dennoch war ihre Frage an Jesus nicht eine Wiederholung dieser Texte; sie war schon eine Antwort, und zwar eine verlegene. Denn er hatte sie gefragt: »Was sucht ihr?« Sie wußten nicht, was sie suchten, nicht einmal, was sie wollten. Sie waren nur angezogen von einer strahlenden Gestalt. Die Antwort Jesu war wiederum nicht noetischer Art (wie auch die Antwort des Engels in Lk I,34–35). »Kommt und sehet«, sagte er (Joh I,39). Also: Praxis und Erfahrung; keine Rezepte für die Weisheit.

Aber wie können wir jener Weisheit eine Wohnung bereiten, wenn wir sie zuvor nicht erkennen können, nichts von ihr wissen? Ich kann nicht vorher wissen, ob es die Weisheit ist, die zu mir kommt, oder ein Gespenst, ein Betrüger, ein Lügner, ein Räuber, ein schlechter Gast. Gastfreundschaft ist nur dann echt, wenn man den Gast nicht kennt; wenn sie keinen Unterschied macht, nicht bloß die Weisen, die Gläubigen, die eigenen Kastenangehörigen annimmt; sondern den Gast, wer immer er sei, wie der Ankömmling auch immer aussehen mag, ohne Diskriminierung. So wußte auch Abraham damals nicht, was er vor sich hatte (Gen XVIII): drei Engel, drei Räuber, wer weiß? Gastfreundschaft mit Bedingungen ist keine Gastfreundschaft, sondern nur ein Geschäft, zum Beispiel Touristik.

Es war die Königstochter, der Engel, der Teufel, der Löwe, es war Christus selbst: Alle Traditionen sagen uns, daß dann, wenn wir den Fremden, das Unbekannte, Unansehnliche, Unverständliche annehmen, der Raum entsteht, in dem Offenbarung sich ereignen kann. Mit dieser Gastfreundschaft ist man ausgeliefert, sie ist ein Risiko. Es könnte wirklich gefährlich werden, wenn man ohne Kriterien und Unterscheidungen eine Wohnung für alle und alles einrichtet. Hier liegt die Gefahr. Es ist leicht zu sagen, daß wir der Weisheit eine Wohnung bereiten, sie gerne aufnehmen und alles für sie tun werden, daß wir ihr unser Herz öffnen, damit sie uns umgestalte und transformiere. Aber wir wissen nicht, wie sie aussieht, wer sie ist, wo sie vorher gewohnt hat. Das ist das Wagnis, der Schritt ins Freie, die Freiheit selbst. Und genau darin besteht die »alchemistische« Tätigkeit, den Gast umzuwandeln, der vielleicht vorher nicht die Weisheit war.

Wenn wir diesen Schritt vollziehen, dann wird aus dem Empfangen ein wirkliches Gebären. Der Weisheit eine Wohnung zu bereiten, bedeutet dann, den Fremden, das Unbekannte, das schlechthin Bedrohende zu empfangen und es sprießen, blühen, entstehen, zur Geburt kommen zu lassen. Das ist ein Tun, für dessen Charakterisierung die biologische Handlung des Gebärens nicht einmal ausreicht. Es muß ein *theandrisches* Tun sein. Es ist ein Ringen mit dem Gast, mit der vielleicht zu transformierenden Weisheit, mit dem Gott, mit dem Engel, mit dem Du. Es geht um Polarität schlechthin; nicht um zwei unabhängig entstandene Charaktere, die in Gegensatz zueinander treten, sondern um eine genuine Polarität, die aus sich selbst geworden ist und aus der alles andere seine Existenz erst gewinnt. Wir zwei, ich und du, diese unbekannte Weisheit, die noch nicht Weisheit ist, bevor ich sie empfangen habe, die sich gar nicht empfangen und mich nicht mit ihr schwanger gehen läßt, solange ich nicht mit ihr ringe, sie annehme, irgendwie intimen Kontakt zu ihr aufnehme: In dieser

Polarität liegt die transformative Macht des Empfangens. Dies ist die Metamorphose, die Umwandlung des Zirkelschlusses in einen lebendigen Kreis, einen *circulus vitalis*. Es versteht sich von selbst, daß wir mit dem Willen allein kein Kind gebären können. Ein anderer muß da sein – und die Liebe dazu.

Es gibt keinen Beweis unsererseits und keinen Ausweis von der anderen Seite, haben wir gesagt. Alles ist offen, und die Möglichkeit des Irrtums ist immer gegeben. Das Ringen um die Weisheit ist immer aufgeschlossen und demütig. Doch es gibt eine innere Erfahrung, an der die Weisheit sich uns zu erkennen gibt. Ihr Name ist Friede, Freude und Freiheit. An ihren Früchten also werden wir die Weisheit erkennen (vgl. Mt VII,16.20). Sie hat auch ein äußeres Zeichen. So sagt Chuangtzu über den Weisen: »Er gebraucht sein inneres Auge, sein inneres Ohr, um die Dinge zu durchdringen, und bedarf nicht des verstandesmäßigen Erkennens.« Und er fährt fort: »Zu einem solchen kommen die Unsichtbaren, *um bei ihm eine Wohnung zu machen*, wieviel mehr erst die Menschen. Auf diese Weise vermag man die Welt zu verwandeln« (IV,1, Übersetzung nach R. Wilhelm).

Der Weisheit eine Wohnung bereiten: Es geht um eine Grundhaltung, die heute mehr denn je vonnöten ist. Sie ist in diesem Satz enthalten. Im negativen Sinn besagt sie, daß wir nicht die Zeit mit allen möglichen Dingen verschwenden sollen – auch wenn das vielleicht wichtig und angenehm sein mag –, die erstens nicht Weisheit sind, zweitens kein Heil bringen, drittens keine Freude entstehen lassen. Von dieser Grundhaltung wissen wir alle schon längst. Man braucht nichts Neues dazu zu sagen, nur vielleicht an dieses Alte wieder zu erinnern. Denn wir wissen das alles, aber wir haben keine Zeit ...

Eine islamische Legende erzählt: Als Allah die traurige Situation der Menschen sah und bemerkte, wie sie mit der Erde umgehen, entschied er sich, seinen Erzengel Gabriel nochmals zur Erde zu schicken. Denn er dachte sich: Der Koran ist zu schwierig und zu lang, er soll es noch einmal ganz einfach sagen. Das wird die ökologische Katastrophe wenden, die Gläubigen einfacher, ihren Glauben effektiver und den Fundamentalismus unnötig machen ... Da ging Gabriel los mit jener einfachen, schlichten Weisheit. Er reiste überall herum, benutzte alle Hilfsmittel der himmlischen Heerscharen, und nach langer Zeit kam er zurück. Seine Flügel waren ganz schmutzig, und er war völlig erschöpft. Allah fragte ihn, wie es ihm ergangen sei, ob er das Wort nicht überbracht habe. »Doch, natürlich«, sagte er. »Aber die Menschen hatten keine Zeit, zuzuhören!«

Die Lösung ist sehr einfach, aber wir müssen sie in der Stille verwirklichen ...

Die Weisheit im Gespräch

Sie sprachen vom Rhythmus des Seins und von einer unbewußten Todes-Begierde, die dafür verantwortlich sein soll, daß wir uns mit jenem Rhythmus nicht begnügen. Das ist paradox. Wozu Beschleunigung, wenn ich letztendlich den Tod suche?

Sein ist ein Zeitwort, ein Verbum, ein Akt, und es hat einen Rhythmus. Ich glaube, das wichtigste Merkmal der technologisch-naturwissenschaftlichen Zivilisation ist, daß sie die Beschleunigung erfunden hat, weniger im mathematisch-physikalischen als im globalen Sinn: Beschleunigung der Rhythmen, der Zeiten, aller Geschehnisse auf der Erde. Heutzutage glaubt man, daß die natürlichen Rhythmen, der Wechsel von Tag und Nacht, von Gehen und Sitzen, von Winter und Sommer zum Beispiel in der Landwirtschaft nicht hinreichend sind. Man will schneller verfahren. Und die Beschleunigung, die sich daraus ergibt, zerbricht die Rhythmen der ganzen Umwelt und des Seins schlechthin. Wir versuchen geradezu, den Prozeß des Lebens als ganzen zu beschleunigen, und damit bringen wir um so schneller die Parusie herbei, das Ende der Welt. So verkürzen wir eigenmächtig das Leben und zwingen den Tod noch mit Gewalt herbei.

Demgegenüber hat das Sein einen Rhythmus, der ihm eigen ist und sich sozusagen rächt gegenüber solch künstlichen Zwängen. Rabindranath Tagore sagt: »Wie kannst du die Blume schneller wachsen lassen, indem du an ihren Blättern ziehst?«

Das Paradoxe besteht gerade darin, daß sich der Mensch aus Angst vor dem Tode diesem um so schneller annähert.

Wie begegnet die Weisheit der Macht, dem Streben nach Herrschaft?

Indem sie die Macht der Mächtigen nicht anerkennt und sich von ihr nicht bedrohen läßt, sogar wenn das das Leben kostet. Das ist nicht leicht, wird nicht immer zum unmittelbaren Erfolg führen und vielleicht auch nicht immer zu empfehlen sein. Denn es gibt reale Mächte in diesem Leben. Die Erde ist ein Kampfplatz. Und manchmal ist es das Schicksal der Weisheit, sich ermorden zu lassen. Wer weiß ... Aber wenn man einer Macht nur auf derselben Ebene eine andere Macht gegenüberstellt, dann entsteht nichts anderes als ein gegenseitiges Aufrüsten auf allen Ebenen des Lebens, im Militärischen wie anderswo. Doch wenn man keine Angst hat – diese Art Angst ist nicht willentlich zu beeinflussen – dann wird die Macht der Mächtigen entwaffnet. Es gibt eine Kindlichkeit, die sich nicht künstlich arrangieren und herstellen läßt, die in dieser Weise entwaffnend wirkt.

Die Frage beinhaltet wahrscheinlich, daß man den Sieg nicht immer voraussetzen darf. Man darf den Sachverhalt weder auf die individuellen noch auf die gegenwärtigen Gesichtspunkte beschränken. Die Erfahrung der letzten achttausend Jahre der menschlichen Geschichte zeigt zumindest, daß Siege letztlich nie zum Frieden führen. Der Sieg führt zum Sieg, und für einige Zeit kann man die Besiegten vergessen. Aber vielleicht werden sie nach fünfhundert Jahren auferstehen – ich denke dabei an den amerikanischen Kontinent. Wenn wir wirklich Frieden wollen, dürfen wir uns nicht nur auf den Sieg unserer Seite beschränken.

Sie sprechen relativ skeptisch über das Analysieren, Auseinandernehmen, Experimentieren, die Vielwisserei. Ich habe aber den Eindruck, daß Sie selbst ungeheuer viel wissen. Das beweist auch Ihre Biographie. Gibt es nicht vielleicht auch die Notwendigkeit, viel zu wissen, um sich dann durch das viele Wissen zurücknehmen zu können?

Es gibt natürlich immer einen Rückweg, eine *retractatio.* Aber was ich über die Gefahr der Vielwisserei, der *polymathia*, gesagt habe, soll nicht bedeuten, daß wir überhaupt nichts wissen sollen oder dürfen; sondern daß wir dieses Wissen als Ansatzpunkt betrachten und daß wir es nie von der Quelle der Weisheit abtrennen. Es gibt eine künstliche Unschuld unter den Menschen, die darin besteht, daß sie ihre Verantwortung vergessen. Das ist nichts anderes als Flucht vor dem Leben und feige Angst. Es wäre völlig verfehlt, das Thema unserer Besinnung so zu interpretieren, als ob wir auf alles andere verzichten sollten, um auf die Suche nach der Weisheit gehen zu können. Das mag in einigen Einzelfällen zu rechtfertigen sein, aber es kann nicht für alle gelten. Unser Weg ist immer ein menschlicher Weg. Wenn wir uns jetzt in einer Gesellschaft befinden, in der spezielles und fragmentarisches Wissen lebensnotwendig ist, dann darf man das nicht außer Acht lassen. Aber gleichzeitig darf man zwei Dinge nicht vergessen:

Zum einen: *so wenig Information wie möglich und so tief wie möglich.* Man muß versuchen, auf unnötiges »Wissen« zu verzichten. Heutzutage würde mein ganzes Leben nicht genügen, um sämtliche Literatur zu einem bestimmten »wissenschaftlichen« Thema zu lesen und in mich aufzunehmen. Es geht also darum, die richtige Nase dafür zu haben, Kriterien der Auswahl zu entwickeln, sich auch gut beraten zu lassen von anderen, die schon einen größeren Überblick haben. Sonst werde ich krank, wenn ich eine Bibliothek betrete. Denn dort lockt die Versuchung, alles zu kennen, und ich muß mir eingestehen, daß ich das nicht kann. Man sollte sich immer fragen, ob all diese Kenntnisse echtes Wissen sind.

Zum anderen: *die Wurzel der Weisheit nicht herausreißen.* Dafür haben wir alle ein Gespür. Wir spüren, wann uns Wissen wirklich bereichert, wann es uns mehr Leben gibt und wann es uns zerstreut und auf Abwege bringt, die wir nicht gehen wollten, obwohl wir es tun – vielleicht wegen des Ansehens oder des Geldes. Der Versuchung jenes Instrumentalismus zu widerstehen, ist ebenso schwierig wie wichtig.

Wie hängt die »Weisheit« mit der »Wahrheit« zusammen?

Wenn wir im Deutschen »Weisheit« und »Wahrheit« sagen, macht unser analytisches Denken sofort einen Unterschied. Im Sanskrit könnte man dagegen für beides ein einziges Wort benutzen: satyam, »was dem Sein entspricht und aus dem Sein selbst kommt«. Die »Seiendheit« habe ich es genannt. Auch für die griechischen Begriffe *sôphrosynê, alêtheia* und *sophia* (Klugheit, Wahrheit und Weisheit) gilt, daß sie eng zusammenhängen. Es gibt zum Beispiel nach dem *Râmâyana* oder *Mahâbhârata* keine Weisheit für den, der nicht in der Wahrheit lebt und nicht ihr gemäß spricht. Wahrheit zu sagen, ist nur möglich, wenn man in der Wahrheit lebt, und das ist Weisheit. Auch im Griechischen bedeutet Weisheit nicht, daß man sich der Gefahren des Lebens nicht bewußt ist und einfach alles auf sich zukommen läßt; daß man auf jede Frage hin einen geistigen Striptease macht, nur weil man nichts verbergen will. Weisheit ist mehr, sie ist niemals eindeutig. Alle lebendigen Worte sind *polysemisch*, das heißt, sie haben viele Nuancen und Bedeutungen.

Man kann das nicht in ein Koordinatensystem eintragen, es mit nur einer Stimme beschreiben. Daher ist der *Begriff* der Weisheit zu unterscheiden vom *Symbol* der Weisheit, das ich hier zu erklären versuche. Eine Weisheit, die zum Beispiel von Klugheit, Wahrheit und auch Gerechtigkeit ganz getrennt wäre, wäre ein schön geschliffener Begriff, der lediglich eine gewisse Kommunikation ermöglicht, aber verschieden ist von der echten Weisheit, jenem lebendigen Symbol der Weisheitstraditionen der Völker. Diese sprechen nicht von einem inhaltlich fixierten Begriff, sondern von einer ganzheitlichen Erfahrung, der sie einen Namen gegeben haben. Vielleicht mag das für einen verliebten Menschen der Name des Geliebten sein. Vielleicht ist das Wort »Weisheit« selbst schon so verbraucht, daß es uns diese Erfahrung nicht mehr mitteilt. Vielleicht kann man ein anderes dafür setzen, zum Beispiel Schönheit. Wenn man auf eine gewisse Ebene der Erfahrung und der Sprache kommt, erfindet man – ohne den lieben Gott spielen zu wollen – eine gewisse *coincidentia oppositorum*, ein Zusammenspiel der Gegensätze, eine Konkurrenz sämtlicher Sinne. Man entdeckt, daß ohne Liebe keine Gerechtigkeit sein kann, ohne Gerechtigkeit keine Schönheit, ohne Schönheit keine Weisheit; wenn ich nicht klug bin, geht alles verloren. Darum ist Weisheit hier ein lebendiges Symbol, das einen gewissen Konsens in den Traditionen hinter sich hat, das wir aber nicht auf einen bloß gedanklichen Inhalt reduzieren können.

Die Weisheit ist nicht unempfindlich. Daher ist sie nicht immer siegreich. Sie umfaßt Barmherzigkeit – die Buddhisten würden *karunâ* sagen, Sympathie im Sinne von »Mittragen des Schicksals«. Die Weisheit ist nicht blind für die menschliche Befindlichkeit. Gleichzeitig aber läßt sie sich nicht auf die negativen, schmerzvollen Seiten der Wirklichkeit reduzieren. Sie läßt sich nicht im Schmutz und Leiden der Welt ersticken.

Man trifft manchmal Menschen – nicht nur in Asien oder Afrika, sondern auch hier –, die Unglück oder Leid mit einer unvorstellbaren, souveränen Gelassenheit in ihr Leben integriert haben, es so verarbeitet und eingebettet haben, daß sie trotz dieser negativen Seite des Lebens eine Quelle der Freude, der Tiefe, des Friedens und weiteren Mitleids gewonnen haben. Es ist die Weisheit, die uns erlaubt, am Leiden nicht zugrundezugehen, die negativen Seiten der menschlichen Existenz und die Ungerechtigkeiten unserer Gesellschaft zu ertragen, alles das, was uns wirklich protestieren lassen muß, und trotzdem die Zuversicht, Hoffnung und sogar Freude nicht aufzugeben. Wenn wir uns auf Begriffe zurückziehen, schließt ein Gegensatz den anderen aus: Wenn ich Leid ertragen muß, kann ich keine Freude haben. Aber in unserem Leben gibt es eine mysterische, rational nicht erklärbare Koexistenz dieser Gegensätze, trotz aller Schattenseiten meines Lebens, meiner Umwelt und der Geschichte. Wir alle sind mitverantwortlich für alles, was im Universum je geschehen ist. Wenn man seinen eigenen Individualismus ein wenig transzendiert hat, nimmt man das Leid und die Schmerzen der Welt in Kauf. Diese Überwindung des Leidens gehört mit zur Weisheit.

Im letzten Punkt der Darstellung habe ich von Alchemie gesprochen, von einer Transformation, einer Metamorphose, die sich dann ereignet, wenn ich die Wirklichkeit mit offenen Armen willkommen heiße, weil sie *da ist*. Also weder naiver Optimismus noch verzweifelter Pessimismus; weder ohnmächtig schreiender Protest, weil man nicht einverstanden ist, noch fatalistische Resignation: Das Sein, von dem ich sprach, ist Akt. Aber dieser Akt ist frei, und an seiner Freiheit nehmen wir teil. Die echte Weisheit ist die Quelle dieser Aktivität, der Metamorphose. Unter ihrer Wirkung weiß ich wohl, daß meine Aktion immer einseitig ist. Wenn ich dann irgend etwas in einer bestimmten Richtung tue, bin ich ganz davon überzeugt, daß es auch das ist, was ich tun *soll*. Wenn aber ein anderer das Gegenteil unternimmt, werde ich das willkommen heißen, denn nur durch solche Polaritäten bleibt das Leben lebendig.

Ist die katholische Kirche, in der wir jetzt gerade sind, eine Wohnung der Weisheit?

Das hängt von uns ab!

II Quaternitas perfecta – die vierfache Gestalt des Menschen

Dies ist seine Herrlichkeit,
Und noch größer ist der Mensch:
Ein Viertel sind alle Wesen,
Drei Viertel ist Unsterbliches im Himmel.
(Purusha-sûkta, Rig Veda X,90,3)

Einleitung

Auf den folgenden Seiten wollen wir genauer betrachten, wie die menschliche Wohnung der Weisheit beschaffen ist. Das erfordert, daß wir uns auf unser wahres Selbst besinnen. Es geht dabei nicht um ein bestimmtes Menschenbild, wie es die Kulturen der Menschheit in Theorie und Praxis je unterschiedlich hervorgebracht haben. Es geht um etwas, das *vor* diesen Entfaltungen und Ausgestaltungen liegt und sich daher in allen Menschen durch ihre jeweilige Tradition ausspricht.

Um dieses Ursprüngliche zu beschreiben, können wir uns nicht auf die Sprache und Denkweise nur einer Uberlieferung beziehen. Sonst ist die Gefahr kaum zu umgehen, daß wir die Welt jener Überlieferung zum Universum schlechthin erklären und damit auch ihr Menschenbild zum Muster aller anderen erheben. Doch genauso müssen wir uns vor einer künstlichen Verdünnung der Traditionen hüten, die diese um der Einheit willen auf einen gemeinsamen Nenner zu bringen versucht. Denn sie müßte alle Momente einer bestimmten Überlieferung weglassen, die mit den anderen nicht vereinbar sind, so daß am Ende nur Allgemeinplätze ohne Leben übrig wären. Eine dritte Schwierigkeit besteht darin, daß sehr viele Menschen heute mit der Tradition ihrer Vorfahren nicht mehr vertraut sind. Das moderne Leben hat von selbst schon eine gewisse Verdünnung der Vergangenheit bewirkt, vielleicht nicht in ihren tiefsten Archetypen, aber wohl für die vordergründige Existenz der meisten Menschen heute. Das ist nicht nur im Westen bzw. im Christentum so, sondern ähnlich auch in Afrika, Indien, Japan und in den meisten anderen Gebieten der Erde und ihren Religionen. In dieser Situation gibt es allerorts Stimmen, die durch die Wiederbelebung und Festigung ihrer jeweils eigenen Tradition dem drohenden Säkularismus und Synkretismus entgegenwirken wollen. Wir sollten aber nicht übersehen, daß jene Verdünnung bereits stattgefunden hat und daß ein künstlicher Fundamentalismus nur ein Korsett sein kann, nicht das Rückgrat eines lebendigen Körpers, ob man ihn nun Menschheit, »Leib Christi«, »dharmakâya« oder anders nennt.

Wie können wir eine Sprache erschaffen, die nicht ausschließend und dennoch konkret ist, verständlich und zugleich tiefgehend? Sie muß die verschiedenen Überlieferungen als solche achten und benutzen, aber gleichzeitig vermeiden, daß sie dabei an den genannten Gefahren scheitert. Wenn es eine solche Sprache gibt, so muß sie im Bereich der menschlichen Grundbefindlichkeit liegen, wie wir sie heute in einem großen Teil der Menschheit sehen: Wodurch sind wir als Menschen charakterisiert, was macht uns als Menschen aus? Dies ist die allgemeinste und zugleich konkreteste Fragestellung, über die man gemeinsam nachdenken und sich aussprechen kann.

Ich habe an anderer Stelle versucht, diese Frage von der Seite der traditionellen Anthropologien her anzugehen und dabei die Konzeption einer *quaternitas perfecta* entwickelt, eines vierfachen Bildes vom Menschen, das sich in verschiedenen westlichen, östlichen und südlichen Überlieferungen findet[35]. Hier ließe sich der berühmte „pythagoreische Eid" anführen: „Ich schwöre es bei dem Einen, der in unsere Herzen die heilige Vierzahl eingeschrieben hat, das unendliche Zeichen und den reinen Ursprung der Natur und das Urbild der Götter."[36] Die vier Überlieferungen benutzen jeweils eine Gruppe von Symbolen und Begriffen, z. B. *sôma, psychê, polis und aiôn* in der griechischen Antike, *jîva, aham, âtman und brahman* in Indien, *Erde, Wasser, Feuer und Luft* in vielen archaischen Religionen (woran uns auch die westliche Esoterik wieder erinnert). Anhand dieser Symbole wollen wir von vier Zentren sprechen und dabei jeweils grundlegende menschheitliche Züge in ihren Mittelpunkt stellen. Jedem dieser Zentren wollen wir bestimmte Symbole zuordnen. Ich habe dafür jeweils ein Naturelement, ein Wort aus der griechischen und aus der indischen Anthropologie, eine menschliche Möglichkeit, eine philosophische Erscheinung, einen Zustand menschlicher Aktivität und ein anthropologisches Gebiet ausgewählt. Die Symbole sind innerhalb eines Zentrums nicht einfach austauschbar, *sôma* ist nicht *jîva* und *aiôn* nicht *brahman*. Aber die *quaternitas* als ganze stellt eine *homöomorphe* Struktur dar, d.h. ein ganzheitliches System, das in jeder der betrachteten Traditionen eine entsprechende Funktion und Bedeutung hat. (Sie wird am Schluß dieses Abschnitts in schematischer Form dargestellt.)

Es geht uns dabei um die eigentliche Würde des Menschen, denn der Mensch ist ein Mikrokosmos, ein Abbild des Ganzen, ein Funke des unendlichen Feuers. Dieses interkulturelle Menschenbild könnte es uns ermöglichen, die Spaltung der Realität zu überwinden, die uns in der Gegenwart so sehr quält und bedroht. Es könnte die verschiedenen, in zerstörerischem Kampf entstandenen Brüche (Dualitäten, *dvandva*) – zwischen Mensch und Erde, Subjekt und Objekt, Erkenntnis und Liebe, Kunst und Wissenschaft, männlich und weiblich – in schöpferische Polaritäten überführen. Das gilt auch für die letzte Spaltung der Realität, die nämlich zwischen Mensch und Gott, Zeit und Ewigkeit oder Schöpfer und Geschöpf. Die *quaternitas perfecta* soll uns eine Möglichkeit zur Einübung in eine echte, uns gemäße, menschliche Spiritualität bieten, die Grundlage einer neuen geistigen Haltung des Menschen zu sich selbst, zu den anderen, zur Umwelt und auch zur alles umfassenden Wirklichkeit, die in vielen Traditionen Gott genannt wird.

Was sollen wir tun? Wie sollen wir handeln? Wie sollen wir uns bemühen und benehmen? Nicht erst seit Kant, sondern schon seit den Anfängen der philosophischen Besinnung gibt es im Westen wie im Osten bestimmte Fragen der Ethik, um deren Klärung sich die Menschheit eindringlich bemüht und auf die sie verschiedene, aber letzten Endes homöomorphe Antworten gegeben hat. Doch noch ursprünglicher ist die Frage: Warum soll ich *sollen*? Warum soll ich mich überhaupt fragen, was zu tun ist? Hier ist eine Gefahr verborgen, die es zu überwinden gilt – alles Lebendige ist gefährlich, aber wir müssen den Gefahren ins Gesicht sehen, sie nicht umgehen und einfach nur die Straßenseite wechseln. Die Gefahr an dieser Stelle heißt Quietismus, Fatalismus, Rückfall in das Tierische. Wir dürfen nicht vergessen, daß im menschlichen Bereich Natur und Kultur innig zusammenhängen. Es ist nicht nur Natürliches am Menschen. Oder vielleicht besser: Die menschliche Natur ist auch Kultur; der Mensch hat eine kulturelle Natur. Das muß klar gesagt werden. Aber gleichzeitig sollten wir nicht bei dem Versuch, die Gefahr zu überwinden, die Freude und Spontaneität verlieren. Zunächst wollen wir das Ganze ganzheitlich umarmen oder, anders gesagt, die Nacktheit des Lebens erfahren: das Zentrum entdecken, das so oft durch mancherlei Aktivitäten verdeckt ist.

Man könnte diese Frage nach dem Grund des Sollens auf noch tieferer Ebene mit einer Frage dritten Grades aufzuheben versuchen: Warum soll ich tun? – Warum soll ich sollen? – Warum soll ich dieses zweite Warum überhaupt fragen? – so könnte man unendlich weitermachen. Wenn einmal die Unschuld verloren ist, wenn einmal das »Warum?« aufgetaucht ist, kann man weiteres Fragen nicht verdrängen. Doch führt dies zu keinem Ziel.

Wollen wir eine Antwort wagen, so müssen wir aufhören, in der anderen Richtung weiterzufragen. Es gibt dafür eine menschliche Haltung, die ich die neue (nicht die zweite) Unschuld nenne. Sie *glaubt*, einen Urgrund berührt zu haben, der weiteres Fragen unnötig macht. Mit unserer anthropologischen Quaternitas hoffe ich, diesen Urgrund für unsere Zeit getroffen zu haben, auf dem wir ruhig stehen können. Mit anderen Worten, was ich unter dieser Bezeichnung darzustellen versuche, ist eine gewisse Synthese, Destillation, Essenz verschiedener menschlicher Traditionen.

Die *quaternitas*, Vierheit, bringt jenes Ganze, von dem wir schon gesprochen haben, unter verschiedenen Namen und Aspekten zusammen. Wir wollen uns zuerst auf einen Punkt in dieser Vierheit, auf ein Zentrum konzentrieren, dann nacheinander auf die anderen Zentren. Bei dieser *Konzentration* geht es uns darum, unter dem jeweiligen Aspekt sämtliche Gegebenheiten, die ganze Mannigfaltigkeit der Welt in einer Mitte zusammenzubringen, sie ohne Reduktionismen zu einem Zentrum zurückzuführen. Dieser Prozeß wird sich bei jedem der vier Zentren vollziehen, so daß wir sie alle *konzentrisch* erleben. So könnte ein menschliches Leben die Spaltungen, Schizophrenien, Spannungen, die schmerzliche Zerrissenheit überwinden, die es so oft kennzeichnen. Der Weise ist derjenige, der die vier Zentren konzentrisch erlebt und lebt. Die Kreise sind nicht identisch, Leib ist nicht Seele und auch nicht die ganze Realität. Aber sie sind konzentrisch, so daß das Zentrum der Welt durch meine Seele hindurchgeht wie auch durch meinen Leib.

Es ist vielleicht nicht angebracht, und vielleicht habe ich mich von der westlichen Beschleunigung beeinflussen lassen, daß ich in einem Zuge und ohne vorbereitende Ausführungen über solch grundlegende, schwerwiegende Fragen spreche. Aber wenn etwas überhaupt zu tun wert ist, ist es das auch in unvollkommener Weise. Und daher wage ich es, diesen Versuch über die *quaternitas perfecta* zu unternehmen, weil es etwas ist, das uns alle angeht als Menschen und Lebewesen; etwas, das notwendiger Bestandteil der Wirklichkeit ist.

Was ich ausdrücken möchte, birgt verschiedene Schwierigkeiten in sich: erstens die Schwierigkeiten meiner eigenen Sprache; zweitens die besonderen Schwierigkeiten der heutigen Sprachen, um mit ihnen die hier bedeutsamen Gegebenheiten und Erlebnisse zum Ausdruck zu bringen; drittens die Schwierigkeit der Sprache schlechthin. Ich kann diese integrale Anthropologie hier auch nicht gebührend ausführen; nicht einmal alle Symbole werden eingehend behandelt. Unser eigentliches Anliegen ist es, auf den Sitz der Weisheit hinzudeuten, auf dem nach christlicher Tradition Maria sitzt *(sedes sapien-*

tiae). Er ist das Symbol der unversehrten menschlichen Natur, und wir wollen Maria dort nicht allein lassen. Marias Berufung ist das Schicksal des Menschen schlechthin – sonst hätte es ja unter den Engeln im Himmel keine Revolution gegeben. Aber der Mensch, der ebenfalls dort seinen Sitz einnimmt, soll ein voller Mensch sein, *Adam, purusha*. Um dieses Ganze soll es hier gehen – und im Moment nicht um die verschiedenen Einzelheiten.

Erstes Zentrum: Erde und Leib

Was ist die erste Dimension? Zunächst sind die Symbole: Erde, *sôma* oder *jîva* (Leib, Individualität), *karman* (Tun), *bonum* (das Gute), Wachen und das Gebiet des Moralischen. Einige von ihnen werden wir nun genauer erläutern:

Sôma und Jîva: Wir *sind* Leib, wir haben nicht nur einen Leib. Wir *sind* Individuen und haben nicht nur Individualität; wir *sind* tätige Wesen und üben nicht nur gewisse Aktivitäten aus; wir *sind* Erde und ruhen nicht nur auf einem Planeten auf, wohnen nicht nur in einem Land, stehen nicht nur auf der Erde als einer Unterlage. Solange wir unser Getrenntsein von der Materie nicht überwinden, die Spaltung nicht heilen, solange wir Leibarbeit oder Yoga nur als technische Übung machen, den Leib im einen Extrem als Feind oder im anderen als Herrscher betrachten: Solange haben wir uns als Menschen nicht realisiert. Die Zerrissenheit bleibt, und irgendwann rächt sie sich, nicht nur gesundheitlich oder im Tun, sondern auch durch innere Unzufriedenheit und Unruhe.

Unsere Besinnung könnte auch unter dem Thema stehen: *Einübung in die Spiritualität*. Das Wort Spiritualität hat gute und schlechte Beiklänge: Es ist sehr hilfreich, weil es die doktrinären Aspekte umgeht, die mit dem Wort Religion gewöhnlich verbunden sind: Spiritualität ist nicht so gebrandmarkt durch dogmatische Unterschiede und doktrinäre Spitzfindigkeiten. Zudem hat das Wort den Vorteil, daß es die Geschlossenheit der Religionen als mit faden Grenzen abgesonderter Gebiete überspringt. Z.B. gibt es eine Spiritualität der Liebe oder des politischen Engagements, die sich quer durch die verschiedenen Religionen zieht. Zugleich hat das Wort auch schlechte Beiklänge, weil es andeutet, es hätte nur mit dem »Spirit«, dem Geist, zu tun, als ob wir alles andere vernachlässigen könnten. Das wäre eine falsche Spiritualität, weil sie die Materialität, die Erdhaftigkeit verloren hat.

Wir sind wesentlich Leib, Individuum, Erde. Mit dieser Leiblichkeit und Erdhaftigkeit verbunden ist die Tätigkeit, die Aktion, das *karman*. Wir *sind* diese Individuen, diese leiblichen Wesen, diese tätigen Subjekte; der Zustand des Wachens gehört wesentlich zu dem, was wir sind. Nur deshalb sind wir fähig zu fühlen, zu spüren, zu empfinden.

Erde: Zunächst müssen wir nun unsere Verbindung mit der Erde näher erläutern. »Erde«, das ist Materie, es kann ein Stein sein, ein Baum, ein Berg, ein Haus, mein Finger – mit einiger Großzügigkeit vielleicht auch eine Maschine, ein Wagen, ein Flugzeug. Wir dürfen uns von der Erde nicht distanzieren. Wenn wir uns zum Beispiel, wahrscheinlich mit schlechter Exegese, auf jene Bibelstelle in Gen I,28 berufen und uns in souveräner, elitärer Weise »die Erde untertan machen« (und uns selbst zugleich zu großzügigen Königen), indem wir sie intellektuell durchdringen und dadurch besser zu verstehen glauben, mag das für einige Zeit unsere menschliche Eitelkeit befriedigen.

Letztlich genügt es jedoch nicht – für unsere menschliche Vervollkommnung, für die Erfüllung der Erde und für das Schicksal des Universums. So dringend und notwendig kurzfristige Lösungen sein mögen, die zugrundeliegenden Probleme bedürfen einer viel tieferen Behandlung. Wir müssen mit der Erkenntnis beginnen, daß die Spaltung zwischen dem »Es« und dem »Wir« überwunden werden muß; mit der Erkenntnis, daß wir auch Erde sind.

Solange ich nicht jedes Stück bloßer Erde wie meinen Leib betrachte, verachte ich nicht nur die Erde, sondern verkenne auch meinen Leib. Hier fängt die Erkenntnis an! All die naturwissenschaftlichen und anthropologischen Entdeckungen (und Einbildungen) über den Menschen sind erst später zu dieser Art der Wahrnehmung hinzugekommen – Proteine, Chromosomen, Alpha-Wellen ... Über Tausende von Jahren sind die Menschen nicht schizophren gewesen, haben ein volles Bewußtsein ihrer Personalität besessen, ohne irgend etwas von unserer Physiologie, Biologie, Chemie zu erahnen. All das mag heute nötig, schön und fruchtbar sein, aber menschheitsgeschichtlich handelt es sich dabei um Akzidentien, Nebensächlichkeiten, etwas, das für die Fülle des Menschseins nicht notwendig ist. Vielleicht sind sie nach einer bestimmten Entwicklung gar hinderlich, ganz gewiß aber nicht nötig, um die Fülle des menschlichen Wesens zu genießen und zu haben. Was die Menschlichkeit betrifft, sind wir keinesfalls außergewöhnlich, nur weil wir Europäer, Erste-Klasse-Passagiere auf diesem Planeten sind.

Erde – Leib – *yoga* – Wachen; ein normales Bewußtsein zu haben – einen Sinn für unsere Individualität: All das ist wesentlich menschlich, wirklich; wir sind nur wirklich, wenn wir dies alles *sind.* Wenn ich die Drehung meines Leibes oder die Kunst der Bewegung erst mit Hilfe eines Tanzkurses erlernen muß, dann fehlt etwas an meinem Menschsein; oder wenn ich in einem Buch lese, daß die Bäume hier schön sind, und dann gucke ich hinaus und sage, es stimmt: Wenn das unsere Haltung ist, sind wir noch nicht völlig Mensch. (Nichts gegen Bücher und Tanzkurse; es kommt darauf an, wie wir damit und mit unserem Leib umgehen.) Wir müssen umkehren und eine Haltung hervorbringen, in der echte menschliche (nicht nur animalische) Spontaneität möglich wird, in der wir wieder von innen her lernen, sprechen, sehen, genießen können.

Es ist kaum anzunehmen, daß Blumen denken, sich vorstellen und überlegen, sie seien schön. Und wir sind mehr als Blumen, wie das Evangelium sagt (Mt VI,30). Um die menschliche Schönheit zu verwirklichen, müssen wir von der Knospe lernen, wie sie die Blüte aus sich hervorbringt: ohne Mühe, ohne Gewalt, im richtigen Rhythmus zur passenden Zeit. Das Evangelium sagt, daß wir die Lilien des Feldes und die Vögel des Himmels *ansehen* sollen, nicht über sie nachdenken und sie auch nicht nach Hause bringen, um sie besser betrachten zu können. Unsere Kultur sollte mindestens so natürlich sein wie die Natur einer Blume. Gewalt gibt es nur, wo unsere Kulturen unnatürlich sind. Kampf ist ein natürlicher Zustand, nicht aber der Krieg. Jagen mag zur menschlichen Kultur gehören, nicht aber die Praxis der modernen Gesellschaften: Sie häufen Nahrung künstlich an und machen aus ihr selbst eine Waffe. Es sollte eigentlich keiner Gesetze bedürfen, die uns sagen, daß die Herstellung von Waffen menschenwidrig ist. Nur ist unser Menschenbild und Ethos in bezug auf Waffen noch nicht so weit wie etwa bezüglich des Kannibalismus, den unsere Sensibilität als Verstoß gegen die innere Menschlichkeit wahrnimmt.

Karman, bonum und das Moralische: Individuelle Aktion – äußere Tätigkeit: Wir sind auch dies – wenn auch nicht ausschließlich.

Ein westlicher Meister, genauer gesagt ein Rheinländer, Meister Eckhart, spricht von drei Schleiern, die die Wirklichkeit vor uns verbergen wie ein Mantel den Leib. Er erwähnt sie in einer Auslegung zu Röm VIII,18 (LW IV,11,2)[37]. Dort geht es um die *revelatio*, die Offenbarung, das heißt eigentlich »Entschleierung«, der Herrlichkeit, des Glanzes, der »*gloria*«. Wir müssen hier über den ersten Schleier sprechen. »*Velamen boni*« nennt er ihn, Schleier des Guten, des Sittlichen. Es ist ein dicker Schleier: Alles auf der Welt steht unter dem Schutzmantel des Guten und unter der Bedrohung durch das Böse. Alles wird in den Kategorien von gut und böse beurteilt. Was immer wir erreichen wollen, wir wollen es *sub specie boni*, unter dem Gesichtspunkt des Guten. Ich tue etwas, *weil* es gut ist! Ich will das, *weil* der Zweck gut ist! – was dieses Gute auch sei. Wir bewegen uns, weil wir ein gutes Ziel vor Augen haben. »*Voluntas videtur quasi mercenaria*«, sagt Eckhart, »der Wille scheint wie ein Mietling«.

Das Gute bewegt nicht nur die Menschen, es herrscht auf allen Ebenen des Seins. Vielleicht sind wir ein wenig vollkommener als ein Tier, dem ein Stück Futter gezeigt wird. Was uns anzieht, mag vielleicht ein Glanz, ein Stück Wahrheit, eine Offenbarung der Schönheit sein, etwas, das uns vor Augen steht, das wir erreichen müssen oder wollen. Es ist sehr mächtig, aber letzten Endes nur eine Hülle.

Der Schleier des Guten hat mit dem Willen zu tun. Nur unter diesem Schutz – so Eckhart – vermag der Wille, (Gott) zu »begreifen«. Offenbarung ist die Enthüllung jener Herrlichkeit, das Abtun des Schleiers, der über allem liegt, was vom Guten (und dem Bösen als seinem Gegenstück) bestimmt ist und was damit dem Reich des Willens angehört. Schelling hat gesagt: »Das Urseyn ist Wollen« (Werke II,1,338). Hier haben wir das Gegenteil: Der Wille ist nur ein Schein des Seins. Die Menschheit, die an den Willen zur Macht und an die Macht des Willens geglaubt hat, hat mit diesem Glauben große Leistungen vollbracht. Der Wille ist der Motor, die Kraft, die uns bewegt. Unsere moderne Erziehung sagt uns, daß wir ein Ziel haben, einen guten Willen besitzen und den Willen benutzen müssen, um das Ziel zu erreichen. Damit haben wir aber auch eine Götzerei des Willens hervorgebracht. Der Wille ist uns der höchste Wert, wir sind unfähig, unser Leben ohne Ziel, Zweck und Willen vorzustellen. Oft erreichen wir auch diese Ziele und erfüllen unsere Entwürfe. Alle großen Reiche der Geschichte, alle großen menschlichen Leistungen sind wunderbare Zeugnisse, die Frucht des Willens eines Menschen oder eines Volkes. Nach jahrtausendelanger menschlicher Erfahrung können wir aber sehen, daß dieser Glanz auch seine Schattenseite hat, daß der Preis für jene Zeugnisse unserer Kultur die Ausbeutung und Unterwerfung anderer Völker und auch anderer Seiten unserer eigenen Persönlichkeit ist.

Der Wille richtet sich gewöhnlich auf das Tun, das *karman*, die Aktivität. Sein Gebiet ist die Moral, das moralische Leben. Er »will« die menschliche Wirklichkeit beherrschen. Er regiert auf dem Gebiet des Individuums, des Leibes, der Erde; unter den Jahreszeiten gehört ihm der Sommer. All diese Gebiete werden durch den Willen gestaltet. Wenn wir uns aber nicht einseitig entwickeln wollen, müssen wir *Konzentration* erlernen, ein Zentrum in diesem ungeheuer komplizierten Reich des Willens erlangen. Der Weg dorthin kann nicht durch Verdrehung, Ressentiment, Verdrängung beschritten werden, d. h. durch einen noch strengeren Willen oder noch stärkeres Nicht-Wollen. Sondern er besteht darin, *sich selbst zu zentrieren*. Man kann nichts gegen den Willen tun, ohne von neuem unter den Willen zu geraten. Die Weisheit kann, wie wir schon gesehen haben, nicht ein Ziel des Willens sein. Nur wenn man zentriert ist, ist der Wille auf dem Platz, der ihm zukommt.

Harmonie des Tuns: Für dieses Zentrum gibt es ein Kriterium (ich könnte hierfür Zeugen aus verschiedensten religiösen Traditionen nennen): Im Geiste des heiligen Ignatius von Loyola ist es die *indifferentia sancta*, die »heilige Indifferenz«: eine gewisse Gelassenheit, souveräne Freiheit über die Sache[38]. Um es in unserer Sprache auszudrücken: Die Eigenschaft des Zentrums, des Mittelpunkts, ist seine Äquidistanz, die *gleiche Entfernung* von allen Punkten auf der Kreislinie. Das ist Indifferenz in unserem Sinn. Gleichmut sagten die Alten, nicht aber Gleichgültigkeit. *Upekshâ (upekkhâ)* nennt es die buddhistische Tradition.

Es wäre eine falsche Indifferenz – und diese findet man sehr häufig –, wenn ich mich nicht mehr begeistern, erregen, mit aller Kraft einsetzen könnte für etwas, das mir am Herzen liegt, und gegen etwas, das ich für schlecht oder menschenunwürdig halte. Aber es bedeutet andererseits den Verlust der Mitte, eine Verabsolutierung, die in Fanatismus abgleitet, wenn ich diese Bewegung des Gemütes, des Geistes und meines Selbstes so vergötze, daß alles davon abhängt, ob ich im Kampf siegreich sein werde. Wenn ich »zentriert« bin, verliere ich nicht die Mitte, die sowieso nicht verlierbar ist. Ich erreiche dann eine Gelassenheit, ein Gleichgewicht und eine innere Kraft, die es mir erlaubt, mein Leben aufs Spiel zu setzen, ohne daß alles von irgendeinem Sieg meines Bemühens abhängt: Es gibt viel mehr im menschlichen Leben als Siege!

Auch hier gibt es ein Laster, in das sich die gerade beschriebene Qualität verkehren kann. Das ist die Trägheit, der Mangel an Vitalität und Enthusiasmus, an Interesse, Engagement und Elan. Wie immer, besteht die wahre Weisheit im richtigen Gleichgewicht; durch Kontemplation kann man zu diesem Gleichgewicht kommen. Natürlich ist dazu eine gewisse Kunstfertigkeit vonnöten. Ich will dazu das Wort »Harmonie« einführen. Die Suche nach dem Zentrum ist kein Kreuzzug. Harmonie kann nur entstehen, indem sie sich von selbst ergibt. Sie kann nicht herbeigezwungen werden. Nirgends darf ein Anzeichen von Gewalt vorhanden sein, vor allem nicht von innerer Gewalt. Die konfuzianische Tradition lehrt: Wenn ein Gong gut geschmiedet ist, kannst du ihn anschlagen, wie du willst, womit du willst, am Rand oder in der Mitte, mit guter oder böser Laune – der Ton, der herauskommt, wird immer rein und harmonisch sein. Es ist eine Harmonie, die nicht vom äußerlichen Schlag abhängig ist, die einfach da ist und keiner Propaganda bedarf.

Die Wirklichkeit der Natur und insbesondere des Menschen ist von solcher Art: ein Netz, ein großer Reichtum verschiedenster Einflüsse, die doch zu einer Einheit führen – wir sind *jîva*, individuelle Wesen. Daher brauchen wir die Identifikation mit unserem Leib, mit unserer »Erde«. Alchemie und die traditionelle Elementenlehre hatten ihren Ursprung in solcher Identifikation, nicht in einer physikalischen Neugier, wie die Erde sich dreht, wie schwer oder dicht etwas ist und dergleichen. Auch ohne Kenntnis der Newtonschen Gravitationsgesetze kann man die Entdeckung machen, daß der eigene Leib und ein Stein etwas mit Gewicht zu tun haben und in dieser Hinsicht von gleicher Art sind.

Der Schleier des Guten: Wie kann ich diesen Schleier des Guten ganz zart durchlässig machen, ohne ihn zu zerreißen, so daß es nicht zu einem Vergessen des Guten und Bösen kommt? Wie kann ich ihn als Schleier wahrnehmen, ihn belassen wie er ist, ihn schließlich selbst als Werkzeug der Offenbarung, der »Entschleierung« entdecken? Meister Eckhart schreibt: »Nicht durch Zufügen, sondern durch Abtun wird Gott in der Seele gefunden … Er ist nämlich zuinnerst in der Seele, und das Wirken des Geschöpfes kann hierzu nur durch Reinigung und Bereitung beitragen« (LW IV,11,2). Nicht jenseits des Guten und Bösen ist das Ziel, und dennoch müssen wir erkennen, daß Gut und Böse nur äußerliche Schleier sind, die das nackte Wesen, die pure Realität nicht berühren. In der indischen Tradition ist der Lotus das Symbol dieser unberührten Reinheit.

Indra ist ein vedischer Gott, der – als Skandalon der Indologen – jenseits des Guten und des Bösen steht: Nicht weil er moralische Frevel begeht – dann wäre er nicht jenseits des Bösen –, sondern weil er diesen Schleier zerrissen hat. Höchst gefährlich und beunruhigend, gewiß! Aber solange man sein Tun nach einem Modell ausrichtet, ist es noch nicht ganz frei. Vielleicht kann nur ein Gott es sich leisten, auf das Modell zu verzichten – oder eine neue menschliche Unschuld; vielleicht ist es das, was die Christen *Theôsis* nannten.

In diesem Zentrum vereinigen sich also die *Äquidistanz* und die gleichzeitige Teilhabe an allen Dingen. Es geht darum, meine Identität so wachsen zu lassen, daß ich mich mit meinem Leib und mit der ganzen Erde identifizieren kann und gleichzeitig distanziert bin von alledem und es nicht verabsolutiere. Dabei brauche ich als Grundlage die Erfahrung, die ich mit meinem eigenen Leib mache. Auch Kopfschmerzen und Magenverstimmungen gehören dazu, sie brauchen mich nicht zur Verzweiflung zu führen. Umgekehrt werde ich entdecken, daß ich zwar das Erfahrene bin, aber nicht *nur* das. Denn was ich bin, das ist »mein« Sein, und das Sein ist es, das meine Identität konstituiert: Sein ist ein Zeitwort, aus dem man kein Subjekt und noch weniger ein Objekt machen kann. Wenn wir »unser« Sein durch unseren Leib und durch die »Erde« hindurchgehen lassen, dann können wir es frei in uns sein lassen. Das wäre dann eine Überwindung des Sollens.

Ich hatte dieses Kapitel begonnen mit der Frage: »Was soll ich tun?«, was soll ich denken? Diese Überwindung des Sollens kann nur aufrichtig sein, wenn gleichzeitig das andere kleine Wörtchen jenes klassischen Satzes überwunden wird: Was soll *ich* tun und denken? Das führt uns zum zweiten Zentrum unserer *quaternitas*. Die Überwindung des Ich – und das heißt paradoxerweise: die Überwindung jeder beliebigen Identifikation dieses Ich – kann nur zustandekommen, wenn die Vielheit nicht verdrängt, sondern so assimiliert und einverleibt wird, daß Platz bleibt für immer weitere Assimilierung und Einverleibung. »Der Weise handelt, ohne Entscheidungen zu fällen«, sagt Chuang-tzu (II,9)[39].

Zweites Zentrum: Wasser und Ich

Die zweite Dimension, durch die wir sind, die uns bestehen läßt, ohne die unser Leben verkümmern würde, hat wiederum verschiedene Symbole, die in den Traditionen unterschiedlich benannt werden. Jedes dieser Symbole beleuchtet einen ihrer Aspekte: *Wasser, psychê* (Seele), *aham* (Ich), *jñâna* (Wissen, Erkenntnis, Vernunft), *verum* (Wahrheit), *Träumen, das Psychologische im tiefsten Sinne des Wortes.* Wie wir *jîva, sôma,* Erde sind, so sind wir auch dies.

Vier dieser Symbole wollen wir nun genauer erläutern. Die Bedeutung des *Wassers* ergibt sich schon daraus, daß unser Leib zu 70 Prozent aus ihm besteht. Doch sind wir noch in einem anderen Sinne »Wasser«. Ebenso sind wir auch (und haben nicht nur) *Wissen, Erkenntnis, Vernunft.* Das ist nicht abstrakt gemeint. Denn wir sind *aham,* »Ich«. Und wir sind *Wahrheit,* indem wir nach ihr suchen. Alle diese Symbole weisen unmittelbar auf *den anderen* hin, auf die Andersartigkeit (unseres Selbst), auf den *alius,* nicht nur das *aliud,* das Fremde, das Nicht-Ich. Es gibt kein »Ich« ohne ein »Du«; es gibt überhaupt keine isolierte und für sich bestehende Seele, kein individuelles Leben. Wasser und Erkenntnis sind Symbole für Beziehung. Wir sind und leben in einem Netz von Beziehungen. Wir werden unserer selbst bewußt, indem wir des anderen bewußt werden.

Diese zweite Dimension der *quaternitas* hat etwas mit Geduld zu tun. Wie das Lukas-Evangelium sagt: Wir werden nur in Geduld unser Leben leben und gewinnen können (Lk XXI,19). Und Geduld ist gleichbedeutend mit Toleranz; zumindest gilt das für das griechische Wort *hypomonê* im Evangelium (Lk VIII,15). Das können wir uns ebenfalls am Symbol des Wassers erschließen: Wasser ist Toleranz; irgendein Gefäß genügt, groß, klein, das spielt keine Rolle. Wasser schmiegt sich an, paßt sich an, nimmt alles hin, hat keine besondere Vorliebe, ist nicht eckig, nicht solide, gibt immer nach. Man kann – wenn man es richtig macht – aus ein paar Metern Höhe hineinspringen, es schmiegt sich noch immer an.

Wasser: Die symbolische Kraft des Wassers liegt zunächst darin, daß es fließt, uns erfrischt, Leben ermöglicht und versiegen kann. Doch es kommt noch etwas hinzu, für das wir manchmal das Gespür verloren haben (hier sind verschiedene weisheitliche Traditionen Afrikas sehr wichtig): Das Wasser ist nicht nur die Quelle des Lebens, sondern es ist das Leben selbst. Wasser ist Leben. Daher sind Formulierungen wie »Lebenswasser« oder »Wasser des ewigen Lebens« (vgl. Joh IV,14) nicht nur in einem übertragenen Sinn zu verstehen. Es geht um mehr als das bloße Gedankenspiel, daß wir ohne Wasser nicht existieren können. Auch der Gegensatz von Dynamik und Fließen einerseits und ruhigem Wasser andererseits erschöpft das Symbol noch nicht. (Seine Symbolkraft wird in manchen Traditionen für den geistigen Weg genutzt: Fließendes, sprudelndes Wasser bedeutet *Leben*, während das ruhige Wasser als Spiegel zum Symbol der Selbsterkenntnis wird). Wasser ist Leben, und deshalb sind seine Eigenschaften die Eigenschaften des Lebens selbst.

»Mit Wasser der Weisheit hat er sie getränkt«, wird am Osterdienstag in der lateinischen Liturgie gesungen, in Anlehnung an Sir XV,3. »Warum hören die Gewässer, die zur Wahrheit strömen, niemals zu fließen auf?«, singt der *Atharva Veda* (X,7,37). Nach vielen Traditionen sind die Urgewässer ungeschaffen, so auch nach der jüdischen (Gen I,2). Das Wasser ist »der Heilstrank der Unsterblichkeit« (SB IV,4,3,15) und der Schoß Gottes (SB VI,8,2,4). Und es ist die Quelle des Menschen: *Ch'üan* im Chinesischen besteht aus den Zeichen »rein« und »Wasser«, wie auch *fons* (Quelle) im Lateinischen Ursprung bedeutet.

Jñâna: Erkennen heißt das intellektuelle Vernehmen des Gegebenen, des Gegenwärtigen. »Alles, was erkannt wird, wird durch etwas Anwesendes erkannt«: Mit diesem Satz faßt Bonaventura in seiner abendländischen Sprache zusammen, was in vielen Traditionen gelehrt wird[40]. Von der *parousia* der Griechen über die *pramâna* der indischen Philosophie bis zu den Unterscheidungen von Präsens (sei es *prae-sensu, praes-ens, prae-essentia* ...) und Gegenwart, *présence* und *trace*, läßt sich alles auf die Problematik des Dazwischen zuspitzen. Christus soll gesagt haben: »Das Reich Gottes ist *zwischen* euch« (»mitten unter«, *entos*, Lk XVII,21); oder wie das Thomasevangelium überliefert: »Das Reich ist inwendig in euch und außerhalb von euch« (3). Wie auch immer, der Mensch ist ein Wesen, dem die Wirklichkeit als ganze präsent ist. Darum ist er auch Wissen und Erkenntnis.

Wissen ist nicht nur Wissen von etwas; Erkenntnis heißt nicht nur, etwas zu *kennen* (bzw. zu *können:* es zu beherrschen, Macht darüber zu haben). Wenn wir Erkenntnis nur als eine raffinierte Jagd nach Kenntnissen, nach Gesetzmäßigkeiten, nach irgendwelchen Objekten ansehen, denken wir in Wahrheit noch sehr grob. Nicht nur Frauen sollen für die Männer keine Objekte sein – und umgekehrt; auch die Dinge fangen an, dagegen zu protestieren, daß sie nur als »Sex-Objekte« beziehungsweise Erkenntnis-Objekte behandelt werden. Wir haben langsam gelernt, Tiere als fühlende Wesen ernst zu nehmen. Daher der Protest gegen ihre eiskalte Instrumentalisierung im Versuchslabor. Aber die Sache geht noch tiefer: So grausam Tierversuche sind, es gibt auch einen Schrei der Dinge, die uns sagen: Schluß damit!

Das Bedürfnis nach manipulierenden Experimenten mit dem Ziel des Erkennens und unter dem Vorwand der Nützlichkeit ist, kulturkritisch gesehen, ein pathologisches Bedürfnis. Gewiß zwingt man der Natur auf diese Weise viele Kenntnisse ab, wie man auch mit der Folter Bekenntnisse erpressen kann; nützlich ist das immer – für die »Herrschaften«. Man darf sich nicht mit dem Gedanken trösten, daß die Frösche oder Amöben mit ein bißchen Anästhesie weniger unter unseren Manipulationen leiden. Es geht hier nicht um theoretische Puritanismen, sondern um die Grundhaltung, die dahintersteht. Die Amerindianer haben die Bäume, deren Holz sie brauchten, um Verzeihung gebeten, bevor sie sie fällten. Die Alchemisten versuchten, den tieferen Verwandtschaften unter den Elementen und dem Dynamismus der Schöpfung Gottes nachzuspüren. Die Astrologie forschte – trotz vieler Entartungen – nach der Zusammengehörigkeit aller Geschehnisse im Kosmos. Sie alle haben eine Ehrfurcht vor der Schöpfung in ihren Handlungen bewahrt. Das ist heute anders. Wir können jedoch nicht einfach zu diesen Traditionen der menschlichen Entwicklung zurück. Sondern es geht um eine Umkehr, die – wie fast alle Traditionen sagen – mit einer Einkehr beginnt.

Was uns hier besonders betrifft, ist eine Kritik der wichtigsten Methode heutiger Naturwissenschaften, des Experiments. Das Experiment stellt keinen Weg zur Weisheit dar und setzt ein verzerrtes Bild vom Menschen voraus. Wir wollen hier nicht das sogenannte Erkenntnisproblem der westlichen Philosophie diskutieren (oder das, was die indische Philosophie unter *pramâna* versteht), d. h. die Mittel der wahren Erkenntnis wie Schlußfolgerung, Zeugnis, Wahrnehmung und dergleichen. Wir kritisieren auch nicht jede menschliche Intervention (das bedeutet eigentlich »Vermittlung«) in die Natur. Sondern es geht um den Begriff der Erkenntnis als Eingriff in die Klausur des Seins. Dafür müssen wir das Experiment von Erfahrung und Beobachtung unterscheiden.

Erkenntnis durch Erfahrung, Beobachtung und Experiment: Erfahrung bedeutet, etwas unmittelbar auf mich und durch mich wirken zu lassen, es in mir aufzunehmen, wodurch ich mich mit dem Erkannten identifiziere. Das Erkenntnisvermögen des Menschen ist nichts anderes als die Fähigkeit zur Identifikation: daß wir *alles* werden können. In der westlichen Tradition hat Aristoteles formuliert: »Die Seele *ist* gewissermaßen alles« (*De anima* III,8; 431 b 21), gerade weil sie alles zu erkennen vermag. Das ist auch eine der Säulen der mittelalterlichen Ontologie gewesen, solange die Epistemologie noch nicht von ihr abgetrennt worden war. Daher sagen die Upanishaden: »Du wirst, was du erkennst«; »wer *brahman* erkennt, wird *brahman*« (MandU III, 2,9). Und das ist kein *circulus vitiosus*, sondern ein *circulus vitalis*, ein Kreis des Lebens.

Erfahrung ist voller Risiko. Nur was man in sich selbst erfährt, kann man wiedergeben, nur dann erkennt man es. Nur was durch mich hindurchgegangen ist und dann spontan aus mir heraussprudelt, hat Leben, Kraft und Autorität. Man könnte das in philosophischer Sprache näher ausführen. Die buddhistische Logik sagt sogar, daß der Identitätssatz nicht aussagekräftig genug ist, um wahre Erkenntnis aufrechtzuerhalten, weil die Identität zwischen Erkennendem und Erkanntem größer ist als die Identität des logischen Identitätssatzes. Dem würde übrigens auch Thomas von Aquin zustimmen.

Es läßt sich aber auch anders erklären: Ende der 20er- oder Anfang der 30er-Jahre kam eine einfache Frau nach Ahmadabad zu Mahatma Gandhis Ashram und bat ihn: »Mahatma, sagen Sie bitte meinem Kind, es soll nicht so viele Süßigkeiten essen! Sagen Sie ihm, daß es schlecht für die Zähne ist!« Gandhi blieb stumm und sagte gar nichts. Die Mutter schlug die Augen nieder. Sie hatte den Eindruck, etwas Ungeschicktes geredet zu haben, und trat ganz verlegen zurück. Einige Monate später kam sie wieder zum Ashram, und es ergab sich die Gelegenheit zur Nachfrage – das hatte jetzt mehr mit femininer Neugier als mit Mutterliebe zu tun. Sie fragte also nochmals, warum er damals nicht geantwortet habe. »Weißt du, meine Tochter«, sagte Gandhi, »zu jener Zeit aß ich diese Süßigkeiten selbst zu gerne. Da hätten meine Worte keinen Einfluß gehabt!«

Predigten, die man nicht selber lebt und liebt und sich einverleibt, Worte, die nicht Ausdruck eigenen Lebens sind, können nicht vollmächtig sein. Wie kann ich dem kleinen Mädchen sagen: »Iß keine Süßigkeiten!«, wenn ich selbst Süßigkeiten esse? Wie kann ich es wagen, irgendein Wort zu sagen, wenn ich es vorher nicht selbst geschaffen, erlebt, erlitten, entdeckt habe? Diese Logik versteht jeder Mensch. Erfahrung als Weg der Erkenntnisse, als Identifikation mit dem Erkannten, ist eine sakramentale Verknüpfung des Menschen mit den

Dingen, die er erkennt. So wachsen wir, so werden wir reif, und so leben wir.

Bei der Erfahrung ist die Identität total: Ich bin, was ich erkenne. Doch ist es unmöglich, *alles* im Leben durch Erfahrung zu erkennen. Zum Beispiel kann man die Schädlichkeit des Rauchens nicht durch Identifikation mit dem Rauchen erkennen. Man kann sich informieren bei anderen, mit Hilfe von Statistiken über Lungenkrebs usw. Aber sobald ich selbst erkenne, daß das Rauchen meinem Körper nicht bekommt, höre ich damit auf – es sei denn, ich will ihn bewußt schädigen. Wenn ich dennoch weitermache, heißt das, daß ich nicht eigentlich erkenne, daß Rauchen für mich schädlich ist, zumindest nicht in diesem existentiellen Sinn.

Doch es gibt eine zweite Art der Erkenntnis, die, anders als die Erfahrung, eine gewisse Trennung zwischen Erkennendem und Erkanntem voraussetzt. Es ist die *Beobachtung*. In der Erfahrung geht alles durch mich hindurch; vielleicht halte ich sie nicht aus, würde zusammenbrechen unter der Kraft, der Intensität, der Macht der Erfahrung. Die Beobachtung ist anders, eine paradoxe Angelegenheit. Zum einen läßt sie sich bezeichnen als eine »passive Aktivität«, die Aufmerksamkeit und Betrachtung verlangt; zum anderen als ein Sich-beeinflussen-Lassen, Sich-erreichen-Lassen von außen her, manchmal fast als ein Sich-angreifen-Lassen. Die Erkenntnis durch Beobachtung ist noch nicht identisch mit dem, was wir in den meisten westlichen Sprachen im engeren Sinn unter Erkenntnis verstehen: erkennen, vernehmen, ergreifen. Im Englischen gibt es ein Wortspiel: *To understand*, verstehen, heißt wörtlich *to stand under*, darunterstehen. Man steht nicht darüber, wie wir das gewöhnlich sehen würden, sondern man ist besiegt von der Sache, die man versteht. Das ist Beobachtung.

Um beobachten zu können, braucht man sich selbst nicht mit der Sache oder dem Wesen zu identifizieren. Man braucht kein Fisch zu werden, keine Kohlmeise; sondern man muß einfach da sein und warten, bis das (Un)Erwartete erscheint. Nur darf man nicht zu intensiv erwarten, sonst wird man nervös; nur einfach warten. Und wenn das Tier da ist, die Offenbarung kommt, die Sache sich bewegt, darf man nicht gewalttätig werden: Man wartet, erwartet, boobachtet, ist passiv, überläßt die Initiative der Sache, dem Ding (nicht dem *objectum*, das man »aus sich herausschleudert«). Und dann lernt man und erkennt. Dafür braucht man Zeit, und man ist den Launen der Sache, der Freiheit der Wirklichkeit ausgesetzt, deren Rhythmen man nicht verletzen darf. Eigentlich bedeutet Beobachtung, *observatio*, den Sachverhalt zu bewahren *(servare)*, wie er ist. Ein mehr philosophischer Name für diese Aufnahme der Gegenwart eines Sachverhaltes in unserem Bewußtsein wäre der der Wahrnehmung: Wir nehmen wahr, was vor uns steht.

In diesem Sinn, nämlich durch Erfahrung und Beobachtung, gewinnt jeder Mensch Erkenntnis. Kinder machen Erfahrungen von der ersten Sekunde ihres Lebens an. Beim Erwachsenwerden nimmt die Fähigkeit zur Beobachtung immer mehr zu. Erfahrung kann gefährlich werden, Beobachtung enttäuschend; Erfahrung verlangt Aufgeschlossenheit, Beobachtung Geduld.

Die moderne Naturwissenschaft bevorzugt eine dritte Methode des Erkennens. Es ist das *Experiment.* Es besteht darin, eine mehr oder weniger künstliche Veränderung an mindestens einer Variablen eines beobachteten Systems durchzuführen und dann die Änderung des Systems im ganzen festzustellen. Das Experiment ermöglicht die Berechnung der Variationen und Variablen und baut zugleich auf dieser Berechnung auf. Man kann eine Gesamtrechnung aufstellen; man kann planen. Die Erfahrung erfordert lange Vorbereitung, die Beobachtung ein einfühlendes Sich-Anschmiegen an die Rhythmen der Natur. Das Experiment ist angeblich praktischer und kommt schneller zum Ziel. Die Erfahrung geht in mich hinein, an der Beobachtung muß ich teilnehmen, aber das Experiment läuft »nebenbei«; ich muß nur gelegentlich nachsehen, was geschehen ist.

Francis Bacon, der als der Vater des Experiments in diesem modernen Sinne gilt, spricht ausdrücklich von dem Ziel, die Natur zu beherrschen (*Novum Organum* I,70ff.). Vorher war das Wort fast gleichbedeutend mit *experientia*, Erfahrung. Stranggenommen müßte man auch zwischen Experimenten und Messungen unterscheiden. Beides hängt aber eng zusammen.

Ich möchte behaupten, daß diese dritte Art des Erkennens eine entartete Art ist. Man erkennt eigentlich nicht die Sache. Man lernt nur eine bestimmte Reaktion des Sachverhalts in einem vordefinierten Rahmen kennen. Das Experiment ist hauptsächlich eine Möglichkeit der Beherrschung, des Berechnens, vielleicht des Vor-Sehens und des An-Griffs. Es bietet lediglich Informationen über einen bestimmten Ablauf, aber es sagt nicht viel aus über die Natur der Sache, über die Wirklichkeit, über unsere eigene Natur. Schon das Kind probiert diesen Erkenntnisweg aus, wenn es mit seinen Spielsachen experimentiert – aber danach kann man mit dem Spielzeug nicht mehr spielen, denn das Experiment verändert die Natur der Dinge. Macht, Prestige, Geld und vieles andere kann man auf diese Weise gewinnen, vielleicht sogar Selbstzufriedenheit – ohne Zweifel eine faszinierende Sache. Aber Erkenntnis im eigentlichen Sinne gewinnt man auf diese Weise nicht. Man fügt die Wirklichkeit in ein Gedankensystem ein, nicht umgekehrt.

Diese Unterscheidung von Erfahrung, Beobachtung und Experiment soll keine Trennung bedeuten. Die drei Erkenntnismethoden sind oft verflochten und zeigen auch eine gewisse hierarchische Ordnung: Das Experiment braucht am Ende eine Beobachtung, und diese muß in eine gewisse Erfahrung einmünden, wollen wir Erkenntnis gewinnen. Es gibt kein reines Experiment, aber auch keine reine Erfahrung.

Aham: Es gibt eine innere Zusammengehörigkeit des Ich mit dem Du. Die Philosophie des deutschen Idealismus könnte sich völlig umkehren, wenn sie anstatt der Dialektik von Ich und Nicht-Ich eine Dialogik von Ich und Du eingeführt hätte. Sie hat zweifellos recht: Das Nicht-Ich ist nicht Ich und steht im Widerspruch zum Ich. Man kann aufgrund dessen die Wirklichkeit logisch in die Sphäre von Ich und Nicht-Ich einteilen, was folgerichtig zum absoluten Idealismus führt. Aber das Du ist weder Ich noch Nicht-Ich. Das Verhältnis des Du zum Ich ist weder das dialektische Verhältnis des Nicht-Ich zum Ich, noch ist es ein Identitätsverhältnis des Ich mit sich selbst. Das ist nichts Kulturspezifisches, sondern eine allgemeine menschliche Erfahrung, die ein jedes Kind durchlebt. In den modernen Sprachen haben wir allerdings den Dual (die Zweizahl neben Einzahl und Mehrzahl, die dieses besondere Verhältnis auch in der Grammatik zum Ausdruck bringt) völlig verloren. Im Sanskrit, im Arabischen und im Griechischen wird er noch immer bewahrt.

In diesem Zusammenhang erlaube ich mir eine allgemeinere Bemerkung: Ich habe den Eindruck, daß wir zur Zeit einen Sprachen-Genozid verüben. Wir lassen nicht nur die Bäume sterben, sondern auch die Sprachen der Menschen. Im 20. Jahrhundert sind über tausend Sprachen verschwunden. Wenn es so weitergeht, wird in weniger als hundert Jahren die Mehrheit der heutigen fünftausend Sprachen ausgerottet sein. Sprachen sind nicht nur Werkzeuge, sondern jede Sprache ist eine ganze Welt – nicht nur eine Weltanschauung. Jede Sprache ist ein Reichtum des menschlichen Lebens. Nicht nur Tierarten werden ausgerottet, sondern auch Hunderte von menschlichen Heldengestalten und Mythen verschwinden oder sind bedroht. Und das liegt daran, daß wir die Sprachen so vergewaltigt haben, als wären sie nur Informationsmittel, wie Satelliten oder Radios.

Nun zurück zu Singular, Dual und Plural. Eins und mehrere, ich und sie alle: Es gibt bei uns keine grammatische Form, um das Ich-und-Du auszudrücken. Das wäre der Dual. Er hat eine kolossale Kraft, er ist keine Mehrzahl, sondern setzt ein Du voraus und bildet eine »höhere« Einheit. Sehr eindrücklich haben das Ferdinand Ebner, Martin Buber und andere dargestellt. Das Du ist die Ansprechbarkeit der Person, sagt Ebner. Buber zufolge ist der Zwischenmensch die wahre Person. »Gibt es keinen Anderen (nichts Anderes), so gibt es kein Ich«, vernehme ich aber schon von Chuang-Tzu (II,2)[41]. Das Zwischenmenschliche ist der Dual, das, was die »Dulosigkeit« (Ebner) des Ich überwindet.

Der Dual spiegelt die Entdeckung wider, daß das Ich ein Du erfordert, das wesensverschieden von einem Dritten, einem Es, von allem anderen ist. Der Dual ist ein Erlebnis, und sein Verlust ist ein vielsagendes Beispiel für die artfremde Veränderung des menschlichen Verhaltens. Ob wir uns nun (weil wir ein bißchen Vertrauen haben) duzen oder nicht, hat damit sehr wenig zu tun. Es geht um etwas ganz anderes. Es ist die Erfahrung des Ich, die nicht ohne die Erfahrung des Du möglich ist. Und das Du braucht nicht nur das »geliebte Du meines Herzens« zu sein; es kann auch etwas Bedrohendes sein. Aber es ist etwas, was zu mir gehört, ohne das ich nicht leben kann. Es ist etwas, was mich herausfordern, mir gefährlich werden, mich lieben, mich irgendwie verwandeln kann und was mich aus meiner stolzen Einsamkeit erlöst. Vieler Menschen Erlösung mag es sein, daß sie eine Katze oder einen Hund haben. Das ist besser als gar nichts, aber es kann wohl nicht das Modell dieser Ich-Du-Beziehung sein. Um sich auf sich selber zu besinnen, um sich selber zu sein, *aham,* ist das Du nötig, ohne das kein Ich sein kann.

Das Du ist nicht etwas, was ich mir auswähle. Indische Soziologen sind sehr stolz darauf, daß sich die indischen Heiratssitten trotz ihrer »Primitivität« offenbar besser bewähren als die westliche Vielfalt der Heiratsmärkte und Wahlfreiheiten. In Indien ist die Entdeckung des Du nicht eine Frage meiner individuellen Wahl und Entscheidung. »Ich heirate die Frau, die ich liebe« – »Ich liebe die Frau, die ich heirate«: Das ist die geläufige Formel für den Unterschied. Natürlich ist das abhängig von Glaube und Aberglaube, Tradition und Brauchtum. Hier im Abendland wäre es verwerflich, ein solches, zumindest heutzutage fremdes System einführen zu wollen. Das ist nicht meine Absicht. Ich will nur den Versuch machen, die Unterschiede zu verstehen. Denn letztlich geht es um die nackte Erfahrung des Lebens, die jenseits solcher kultureller oder historischer Differenzen steht, aber nicht getrennt ist von ihnen.

Psychê, Träumen und verum: Um etwas über *psychê* zu sagen, könnte ich von der Zen-Meditation sprechen, die uns behilflich sein will, unsere *psychê* zur Stille zu führen. Die Erwähnung mag an dieser Stelle genügen. Zum Symbol des Träumens (im besten Sinn dieses Wortes) müßte man über Tiefenpsychologie sprechen, aber auch die *Mândûkya Upanishad* erwähnen. Wenn die Gefahr der ersten Dimension die Trägheit ist, so ist es hier der Intellektualismus, der Drang, die Dinge durch Experimente erforschen zu wollen und sie nicht durch Beobachtung und Erfahrung zu erkennen.

Wenn – nach Meister Eckhart – die Versuchung und zugleich Aufgabe der ersten Dimension das *velamen boni* ist, der »Schleier des Guten«, so ist die Versuchung der zweiten das *velamen veri,* der »Schleier des Wahren«. Wie der Wille nur unter dem Schleier des Guten funktionieren kann, so der Intellekt nur unter dem Schleier des Wahren. Wenn die erste Dimension die Gefahr in sich trägt, alles auf den Willen zu setzen, so besteht hier die Gefahr, allein die Vernunft zu benutzen. Es wäre eine ähnliche Überlegung einzufügen wie beim ersten Zentrum: Man darf die Vernunft nicht vernachlässigen, man darf das Wahre nicht vergessen, aber die Realität läßt sich nicht auf Intelligibilität, d. h. auf Denkbarkeit reduzieren. Die Wirklichkeit ist nicht *nur* Wahrheit. In Anlehnung an Dionysius sagt Bonaventura: »Die höchste Realität wird Finsternis genannt, weil der Intellekt nicht versteht«[42].

Die Geschichte scheint zu zeigen, daß die unmenschlichsten Taten der Menschen im Namen der Wahrheit getan worden sind. Phänomenologisch ließe sich dazu verteidigend sagen, daß Wahrheit das ist, was man *sucht*. Es ist damit nicht gesagt, daß sie sei, was man *findet*. Was man sucht, ist wohl die Wahrheit; aber was man findet, kann wahr oder auch nicht wahr sein. Wenn einer behauptet, die Wahrheit zu besitzen, hat er schon die Wahrheit in seiner Seele vernichtet, weil die Weisheit nicht mehr darin wohnt. Wie Thomas von Aquin lehrt, ist es ein Widerspruch in sich selbst zu behaupten, man könnte die Wahrheit besitzen; sie kann höchstens uns besitzen. Die Wahrheit ist immer nur eine Hülle; und das heißt letzten Endes, daß wir die Wahrheit nicht mit der Realität als ganzer identifizieren dürfen. Sobald wir die Wahrheit berühren, wird sie von all unseren Unzulänglichkeiten angesteckt. Damit wird die Wahrheit, die uns frei machen soll, zu unserer Gefangenen. Wie kann sie uns dann befreien?

Das will nicht heißen, wir könnten uns auf die Wahrheit nicht verlassen. Es soll andeuten, daß die Wahrheit selbst nur eine Hülle der Realität ist, die notwendig ist, um uns das Sein sichtbar zu machen. Die Wahrheit ist die Sichtbarkeit des Seins, insofern das Sein intelligibel ist. Aber der Mensch muß auch der Offenbarung dieses Vorhangs entgegengehen und bereit sein, im grundlosen Un-Grund des Mysteriums weiterzuleben.

Drittes Zentrum: Feuer und Sein

Die erste Dimension der *quaternitas* habe ich mit dem Wort »Wachen« bezeichnet; die zweite mit dem Wort »Träumen«. Die dritte Dimension hängt mit dem »Schlafen« zusammen, im klassischen Sinne der indischen Philosophie *(sushupti)*. Wird die erste Dimension *jîva* und die zweite *aham* genannt, dann ist die dritte *âtman*. Wenn in der ersten von *sôma*, in der zweiten von *psychê*, so soll hier von *polis* die Rede sein. Wenn das Symbol der ersten die Erde, der zweiten das Wasser ist, so ist es hier das Feuer. Und wenn Ebene eins *karman* ist, Ebene zwei *jñâna*, so ist Ebene drei *bhakti*. Wenn das Zentrum der ersten Dimension das Moralische und das der zweiten das Psychologische ist, so ist das Zentrum der dritten das Ontische: Wir sind Feuer, *polis* (Stadt), *âtman* (Selbst), *bhakti* (Hingabe), *ens* (Sein), dem der Zustand des Schlafens und das Gebiet des Ontischen entspricht.

Als Gefahr der ersten Dimension haben wir die Trägheit benannt; bei der zweiten den Intellektualismus. Bei der dritten müssen wir einen gewissen Sentimentalismus erkennen (das Gemüt, das Fühlen, all das hat hier seinen Platz, aber auch seine Gefahren). Der Schleier der ersten Dimension ist der Wille, der uns alles unter dem Aspekt des Guten und Schlechten, des Anzustrebenden und des zu Vermeidenden vor Augen führt. Der Schleier der zweiten ist die Wahrheit, die uns durch die Vernunft und den Willen vor Augen gestellt wird. Der Schleier der dritten Dimension ist noch schwieriger zu beschreiben und hängt mit dem hier wirksamen Symbol des Feuers zusammen. Meister Eckhart nennt ihn *velamen entis*, Schleier des Seins, des Seins schlechthin.

Ens: Ich möchte das Problem, um das es hier geht, an einem Beispiel aus der Religionsgeschichte verdeutlichen: Das kolossale historische Mißverständnis zwischen Christentum und Buddhismus hat seinen essentiellen Grund darin, daß man von einer *âtma-vâda*-Position her, das heißt von dem Standpunkt, es gebe eine feste Substanz, einen festen Wesenskern, eine »Seele« im Menschen, den *an-âtma-vâdin* (Anhänger der *an-âtman*-Lehre) nicht verstehen kann. Zwischen *âtman* und *an-âtman* ist auf der Ebene der Lehren nicht zu vermitteln. Denn die Substantialisierung des Seins einerseits, nach der die höchste Realität das höchste Seiende ist, und die Überzeugung von der grundsätzlichen Nicht-Substantialisierbarkeit der Realität andererseits, nach der die »höchste Realität« *shûnyatâ, nirvâna*, die Leere »sei«, sind zwei miteinander unverträgliche Urentscheidungen, die sich auf keinen gemeinsamen Nenner bringen lassen. Trotzdem gibt es gewisse geistesgeschichtliche Brücken, wo sich die beiden Haltungen dem Dialog nicht verweigert haben. Auch in der christlichen (sowie in der jüdischen und islamischen) Tradition findet man bei einigen Autoren die Aussage, daß Sein und Realität nicht identisch sind.

Meister Eckhart bringt diesen dritten Schleier mit jener schon genannten Bibelstelle, Röm VIII,18, zusammen. Eckhart spricht über die *gloria*, die *doxa*, d. h. die »Herrlichkeit«, den Glanz des endgültigen Lebens. Die Offenbarung entfernt sämtliche Hüllen. Sie bewirkt, daß alles weggerissen wird, was die Glorie verdeckt: der Schleier des Guten, der Schleier des Wahren und auch der Schleier des Seins selbst. Dieser Vorgang geschieht »in uns«, wie Eckhart mit Bezug auf den lateinischen Wortlaut der Bibelstelle betont. Denn »das Wesen der Seele ist ferne vom Reich dieser Welt, weil es in einer anderen Welt oberhalb der Seelenvermögen, oberhalb des Intellekts und des Willens ist. (...) In das Wesen der Seele aber dringt niemals ein Geschaffenes ein und Gott selbst nur ohne irgendwelche Hülle« (LW IV,11,2).

Es geht an dieser Stelle nicht um intellektuelle Lehrentscheidungen. Wir müssen nachzuvollziehen versuchen, was in seiner besonderen Erfahrung Eckhart und im größeren Zusammenhang auch – jeweils in ihrer eigenen Sprache – der größere Teil der buddhistischen Tradition, ein Teil der indischen Überlieferung und manche Ströme in der Mystik verschiedenster Zeiten zu verstehen geben. Es ist im Grunde die Einsicht, daß die Wirklichkeit sich nicht spalten läßt und daß deshalb ein gesondertes Selbstbewußtsein nicht der Ordnung der Wirklichkeit entspricht. Auf eine einfache Formel gebracht, könnte man mit Hilfe jener indischen Version sagen: *Brahman* ist so sehr reines Bewußtsein, daß es nicht einmal Bewußtsein *von etwas* ist. Deshalb ist *brahman* selbst nicht selbst-bewußt; deshalb weiß *brahman* nicht, daß es *brahman* ist. *Brahman* weiß *nichts! Îshvara* dagegen weiß, daß er *brahman* ist – und dadurch, daß er es weiß, ist er es.

Polis: Um den eingeführten Parallelismus der Begriffe fortzusetzen, kann man sagen: »Ich bin *âtman*, ich bin *polis*, ich bin *Feuer*, ich bin *bhakti*.« *Bhakti* ist Hingabe und Liebe. *Polis* bedeutet Stadt, Stamm, Gemeinschaft, politische Gemeinschaft. Es geht dabei nicht nur um eine Gemeinschaft, die durch hohe geistige Verbindungen und Ideale zustandekommt, sondern es geht um den Stamm, die natürliche Gemeinschaft, die deshalb natürlich ist, weil man in der Nachbarschaft wohnt, sich gegenseitig kennt, zusammen kämpft und in gewisser Weise auch blutsverwandt ist. Telefon- und Fernsehapparate sind nur Ersatzformen einer wirklichen Nachbarschaft. Ich meine das nicht in einem entarteten rassistischen Sinn, sondern als wirkliche, verwurzelte, fleischliche, politische Gemeinschaft im Unterschied zu irgendwelchen Ideal-Gemeinschaften. Der Mensch befindet sich nicht nur in einer Gemeinschaft, gehört nicht nur einer gewissen Gesellschaft an. Der Mensch ist Gemeinschaft, ist *polis*.

Eine Anmerkung zur westlichen Tradition dieses Symbols: Man würde die griechische *polis* gänzlich mißverstehen, wenn man darin eine rein technische Angelegenheit sehen würde, eine Demokratie, die bloß dazu da ist, die Regeln des gegenseitigen Benehmens festzulegen. Eine *polis* ist ein *Mesokosmos*, ein Feld, in dem sich Mikro- und Makrokosmos treffen. Eine *polis* ist ohne ihre Tempel, ihre Götter, ihre vertikale Dimension undenkbar. Diese gehören zu ihr wie das Wasser zum Schwimmbad. Wo anders als in der *polis*, im politischen Leben, vervollkommnet sich der Mensch, erreicht er sein Heil, kann er sämtliche Möglichkeiten seiner Persönlichkeit zur Fülle kommen lassen, wird er vergöttlicht, geheilt, erlöst? (Das politische Leben in diesem Sinn ist natürlich mehr als nur parlamentarisches Hantieren mit Gesetzen.) Die Fülle des Menschen wird erst Wirklichkeit in der Gemeinschaft mit den Göttern, den Mitmenschen, den Sachen, den Tieren, also mit allen Lebewesen, die eine *polis* ausmachen. Eine *polis, civitas*, ohne alle diese könnte niemals dem Menschen Fülle ermöglichen.

Es war Augustinus, der in der christlichen Tradition diese umfassende Bedeutung der *polis* theoretisch zerstört hat – gerade um den Menschen in seiner Zeit zu helfen, das Politische zu retten –, indem er die Spaltung zwischen *civitas Dei* und *civitas terrena* vornahm, der Gottesstadt und der irdischen Stadt. Warum? Augustin stand in einer Zeit des Zerfalls der griechischen und der römischen Ideale. Die natürliche Gemeinschaft der *polis* war praktisch zerstört. Die Mehrzahl der Menschen konnte dieses Ideal der Vervollkommnung in der Stadt, im politischen Leben, sowieso nicht erreichen. Die alten Götter waren verbannt, ihre Heiligtümer geschleift. Zu Augustins Zeiten wurden auch ihre Anhänger schon verfolgt. Der christliche Gott war zwar durch Konstantin in einem politischen Zusammenhang eingeführt worden – was wir aus unserer Sicht zu leicht verurteilen, wenn es auch für das spätere Christentum furchtbare Wirkungen nach sich zog. Aber die alte politische Ordnung des Römischen Reiches, obwohl im Verfall begriffen, war damals die einzige, die man sich denken konnte.

Augustin hielt an der Einheit von Himmel und Erde fest und wollte die Einheit des menschlichen Lebens retten, das seine Vollkommenheit in der *polis* erreicht. Aber er sieht – das ist aus unserer nach-aufklärerischen Position heraus schwer zu verstehen –, daß es ein nicht zu verwirklichender Traum ist, in einer einzigen *polis* das Heil des Menschen zu erreichen. Da sind Sklaven, Frauen, Kinder, die Mehrheit der Menschen, die an jener Vervollkommnung, Vergöttlichung in der *polis* keinen Anteil haben kann. Augustin öffnet ein Fenster, indem er dem Menschen eine göttliche Stadt vorstellt (nicht nur irgendeinen diffusen Himmel, an den man immer schon geglaubt hatte) und ihm nahelegt: Da der Mensch hier sein menschliches Leben nicht im Vollsinn realisieren und vollziehen kann, hat er jene Gottesstadt als eine wirkliche *polis*, als eine weitere Chance. Das ist ein großartiger Gedanke pastoraler Natur, aber historisch gesehen ist es der Anfang einer Dichotomie von Himmel und Erde, die von nun an das Christentum durchzieht. Vielleicht gibt es heute eine Möglichkeit zur Versöhnung; das ist eine der Hauptaufgaben der Christen im Westen.

Âtman: Ich *bin* Gemeinschaft. Der Mensch kann sein Leben nicht verwirklichen, sein Wesen nicht realisieren, wenn er nicht noch etwas anderes ist als sein eigenes, alleiniges Ich, wenn er sich nur um die Beherrschung seines Körpers, den Schmuck seiner Seele und um gute Beziehungen zu seinem Du kümmert. Der Reichtum des Menschen geht viel tiefer. Ich bin nicht nur Individuum. Das steckt in dem Wort *âtman*. Dieses Wort läßt sich im Grunde nicht übersetzen. Das übliche Äquivalent »Selbst« ist ebenso erhellend wie verführerisch. Daß ich *âtman* bin, oder besser: daß *âtman* das ist, was auch ich bin, darin besteht die Entdeckung jener dritten Dimension des Seins, um die es hier geht. Jedoch kann dies keine Entdeckung der Vernunft sein. Der *âtman* muß sich offenbaren. Diesem *âtman* soll man in allem Bemühen auf der Spur sein, denn durch ihn erkennt man alles.

Die dafür grundlegende Erfahrung möchte ich anhand der heutigen Situation der wissenschaftlich-technologischen Welt zusammenfassen, in der wir mehr oder weniger alle leben. Etwas Ähnliches haben die Chinesen im 13. Jahrhundert mit größerer Klarheit gesehen, und auch die Upanishaden im 6. Jahrhundert vor Christus geben uns schon einen Wink. Aber jetzt fängt es auch bei uns an, erlitten zu werden: Es ist die *prinzipielle* Unmöglichkeit, sämtliche Wissensgebiete zu beherrschen. Ich kann nicht alles wissen. Und je mehr ich weiß, umso mehr weiß ich, daß ich nicht weiß. So entsteht eine Inflation des Wissens, die ebenso schlimm ist wie die Bevölkerungsexplosion. Die uns heute zugängliche Literatur ist so umfangreich, daß kein Mensch alles lesen kann, nicht einmal in seinem Fachgebiet. Ich bin angewiesen auf Auszüge aus Auszügen von dieser Literatur. Aber wie kann ich erkennen, indem ich (in einem quantitativen Sinne) *alles* zu erkennen versuche? Kann ich prinzipiell mehr als nur diese oder jene Einzelheit erkennen? Ich fange an zu erkennen, daß selbst unter der Annahme, daß ich alles erkennen könnte, dieses Wissen mir keine wahre Erkenntnis schenken würde.

Das war Heraklits Klage gegen die Pythagoräer. Und auch die indische Tradition weiß das: »Wo es etwas wie eine Zweiheit gibt, dort sieht einer den andern; dort riecht einer den anderen; dort schmeckt einer den andern; dort spricht einer zum andern; dort hört einer den andern; dort denkt einer an den andern; dort berührt einer den andern; dort erkennt einer den anderen. Wenn einem aber alles zum *âtman* geworden ist, wodurch und wen soll man dann sehen? Wodurch und wen soll man dann riechen? Wodurch und wen soll man dann schmecken? Wodurch und zu wem soll man dann sprechen? Wodurch und wen soll man dann hören? Wodurch und an wen soll man dann denken? Wodurch und wen soll man dann berühren? Wodurch und wen soll man dann erkennen? Das, wodurch man die ganze Wirklichkeit erkennt: Wie kann man dieses erkennen? Es ist nicht so und nicht so *(neti – neti)*. Es ist unfaßbar, denn es wird nicht erfaßt; unzerstörbar, denn es wird nicht zerstört; ungebunden, denn es wird nicht gebunden; es ist frei, unerschütterlich, unverletzlich. Wie könnte man den Erkenner selbst erkennen?« (BU IV,5,15, Übersetzung B. Bäumer). Die zutreffende Frage ist dann: »Wie kann ich das erkennen, wodurch alles erkannt wird?« (BU II,4,14).

Was hier verlangt wird, ist eine radikale Umkehr der Ausrichtung unserer Zivilisation: Entweder richtet sie sich auf die

Herstellung von Gegenständen (Technokratie) oder auf die Vervollkommnung der Subjekte (Humanismus). Beides sind Grundentscheidungen, die sich in ihren Zielen gegenseitig ausschließen. In unserer Zeit herrscht die Technokratie über den Humanismus. Wenn es darum geht, Macht zu erlangen, kann man – aber immer nur eine Minderheit! – mit ihrer Hilfe sehr leicht Erfolg haben. Die Welt zu dominieren, zu verändern (oder kaputtzumachen), da sind wir heute schnell zur Stelle. Persönlich glücklich zu sein, das hängt von ganz anderen Faktoren ab; manche Menschen erreichen das, andere nicht. Doch um das geht es hier, um die Fülle des Lebens und die Teilhabe des Menschen an dieser Fülle. (Humanismus nenne ich die Kultur des *humanum* als *quaternitas perfecta* und nicht das übliche anthropozentrische Menschenbild, wie ich schon 1963 in meinem Buch »*Humanismo y cruz*« erläutert habe.) Um es in der christlichen Tradition zu sagen: Es geht um *gloria*, *exousia* und *doxa*, um den Glanz und die Herrlichkeit des Wirklichen. Wozu das Leben? Was ist dies, wodurch wir uns nicht nur bewegen, sondern durch das wir *sind*?

Es geht dabei um eine Grundentscheidung, die nicht individueller Natur ist, sondern uns gemeinsam betrifft: Ob der einzelne glücklich ist oder nicht, mag eine individuelle Frage sein. Aber ob die Prioritäten unserer Zivilisation auf Glück oder Macht ausgerichtet sind, das können wir nur zusammen bestimmen. Das ist diese dritte Dimension, und hier beginnen wir schon zu ahnen, daß wir, um das Sein zu belassen, es aufgeben müssen. Wir müssen im doppelten Sinne des Wortes das Sein sein lassen. Denn wir entdecken, daß das Sein-Selbst beeinträchtigt wird, sobald sich mein Gedanke, mein Wille oder mein Selbst einmischen.

Hier wird die Zerrissenheit der Augustinischen Trennung sichtbar: Mein Heil, d. h. meine ganzheitliche Gesundheit, meine menschliche Realisation, geschieht nicht mehr im Gebiet des Hier-Seins, des Daseins, sondern im Reich des Später-Habens in der *civitas Dei* (nicht *hominum*). Damit hat eigentlich die Bitte ihre Gültigkeit verloren: »Wie im Himmel, so auf Erden« (Mt VI,10).

Feuer und bhakti: An dieser Stelle ist die Symbolik des Feuers wesentlich, wie sie zahlreiche Traditionen der Menschheit gesehen haben Das Feuer verzehrt, wütet, zerstört. Es macht die Dinge zu Asche, die der Wind zerstreut. Das Feuer kann nur so lange Feuer sein, wie es etwas zu verbrennen gibt. Es ist dadurch Feuer, daß etwas in ihm verbrannt wird. Indem es Feuer wird, hört das auf zu sein, was das Feuer möglich macht. Das Feuer nährt sich von dem, was ihm selbst Leben gibt. Es ist nicht wie die Erde. *Agni* ist im Hinduismus die sich selbst vernichtende, selbst sich Leben gebende Kraft, die durch ihre Selbstopferung erst sich als Feuer selber verwirklicht. Und im Buddhismus ist *nirvâna*, jedenfalls wörtlich verstanden, die Auslöschung des Feuers. Wenn von der Kerze nichts mehr da ist, alles Wachs verbrannt, erlöscht die Flamme von selbst. Denn die Flamme ist nichts anderes als ein Übergang zwischen Wachs und Feuer.

Die christliche Tradition spricht von zwei Büchern, dem Buch des Lebens (nämlich der Heiligen Schrift, in der die Gelehrten lesen und für die man eine gewisse Vorbereitung haben muß) und dem Buch der Natur, in dem *jeder* lesen kann. Augustin sagt, das Buch der Heiligen Schrift sei elitär, nur für einige wenige bestimmt; das Buch der Natur ist für alle da, sogar – wenn man es buchstäblich übersetzt – für den »Idioten« (*idiotes* bedeutet wörtlich »Laie«, »gewöhnlicher, ungebildeter Mensch«). In jenem Korpus lesen nur die Gelehrten, in der Welt aber kann auch der Unkundige lesen. Augustinus sagt: »Die göttliche Seite [d. h. die Heilige Schrift] sei dir ein Buch, damit du es hörst [man »hört« das Buch!]; die ganze Welt sei dir ein Buch, damit du es siehst.« Augustinus weiß, daß nach Paulus Glauben aus dem Hören erwächst, Erkenntnis aber aus dem Sehen. Das Buch kann man »hören«, für sich vielleicht einen Sinn daraus gewinnen; die Welt aber kann man sehen. Die Codices sind für die Gelehrten da, der Unwissende aber kann in der ganzen Welt lesen. Bonaventura lehrt, daß nach dem Sündenfall »das Buch der Welt wie erstorben und zerstört« war[43]. Durch die Gnade aber seien die Dinge der Welt »wie ein Buch, aus dem die gestaltende *(fabricatrix)* Trinität widerstrahlt, sich darstellt und gelesen werden kann«[44].

Das ist menschliche Weisheit, die aus den Traditionen erwachsen ist. Sie setzt uns heraus aus den Errungenschaften unserer nach-aufklärerischen Welt, so daß wir vielleicht eine allgemeine menschliche Erfahrung machen können, ohne fixiert zu bleiben auf den hermeneutischen Zusammenhang der letzten drei oder vier Jahrhunderte. Wie können wir uns anmaßen, Gemeinschaft mit den Menschen zu haben – ganz zu schweigen von der Gemeinschaft mit der Erde –, wenn wir *nur* aufklärerische Menschen sind? Wir werden sie so niemals erreichen können. Wir müssen nochmals Lesen lernen, diesmal nicht die Bücher aus Papier, sondern das Buch der Natur, das nicht nur Wälder und Flüsse beinhaltet, sondern die direkte Schau, mitten aus der Welt, in der wir stehen. Jeder kann sehen – nicht nur in dem Sinn, wie es die elitären »Hörer« des Buches tun (das früher laut vorgelesen wurde), sondern in der direkten Anschauung der Wirklichkeit. Diese hat eine letzte, wesentliche Eigenschaft: Das Sehen ist nicht Reflexion über das Gesehene, sondern es ist einfach ein Erblicken, Erschauen, um sich vom Geschauten anstecken zu lassen. Es ist nicht nur wie das Durchblättern eines schönen Foto-Albums, das uns vielleicht helfen kann, uns daran zu erinnern, es aber nicht ersetzt. Um zu sehen, muß ich vergessen, daß ich sehe. Sonst *denke* ich nur, daß ich sehe, *stelle mir nur vor*, daß ich eine schöne Landschaft erblicke. Doch das eigentliche Sehen ist unvermittelt. Und das ist eine universale Analogie. Es hat nichts zu tun mit irgendwelchen optischen Phänomenen; es ist nicht denken, daß ich sehe; ist nicht genießen, was ich sehe; sondern es ist einfach nur sehen. Das, was man sieht, ist etwas nie Gesehenes, unerforschlich, ungesehen: *âtman*, *polis*, Feuer, *bhakti*. *Bhakti* heißt hier »Liebe«, es bezeichnet die zentrifugale Kraft, aus sich selbst herauszugehen und sich selbst zu verzehren wie das Feuer.

Wenn wir mit diesen Symbolen und Bildern nichts anzufangen wissen, dann können wir vermuten, daß eine fundamentale Seite unserer Menschlichkeit an Schwindsucht leidet. Um uns selbst zu entdecken, uns selbst zu kennen in der Tiefe der Menschlichkeit, die uns gegeben ist, müssen wir wirklich leben. Das besagen die drei Dimensionen, über die wir gesprochen haben, die erste Triade der *quaternitas perfecta*. Der Mensch ist, indem er menschlich lebt.

Viertes Zentrum: Luft und Geist

In den dreißiger Jahren traf Gandhi bei einer Kampagne der Non-Cooperation-Bewegung in Bihar in Nordindien einen Schulkameraden wieder, den er seit vielen Jahren nicht gesehen hatte. Dieser kam ihm entgegen, um ihn zu begrüßen. Aber er trug keine handgemachte Kleidung, was damals das Erkennungszeichen in Gandhis Unabhängigkeitsbewegung war, sondern »englische« Kleidung. Sie musterten sich und erkannten die Lage sehr schnell. Der Freund erklärte ihm: »Ich muß schließlich leben! fünf Kinder, Schwiegermutter ...« Gandhi sagte: »Ich sehe das nicht ein«. Und er ging weiter mit seinen Leuten. Entweder – oder. Es ist hart, wenn man viele hungrige Mäuler ernähren muß. Der Mann arbeitet bei den Behörden, und wenn sie sehen, daß er sich mit diesen halbnackten Halunken abgibt, dann verliert er seine Stelle. Er muß Geld verdienen, Gutes tun, die Familie durchbringen ... Gandhi sieht das nicht ein und geht weiter.

Das ist ein Bild für die Haltung des geistigen Lebens. Alles wird aufs Spiel gesetzt: »Wenn aber deine Hand oder dein Fuß dich ärgert, so haue ihn ab und wirf ihn von dir. . .« (Mt XVIII,8); »Wer sein Leben retten will, der wird es verlieren ...« (Mt XVI,25). Ebenso kompromißlos ist Shankaras *Vivekacûdâmani* (21.79.164.299.508 – und viele andere Stellen). Entweder nehmen wir das geistige Leben in unserem Herzen an, stürzen uns mit aller Intensität und Leidenschaft hinein, oder es ist nur eine neue Form des Edelkonsums. Jeder muß dieses Dilemma mindestens einmal im Leben erleben. Das Leben ist in unseren Händen. Wir schmieden unser Schicksal selbst, auch wenn äußere Kräfte uns beeinflussen und mitspielen. Das schließt auch weder Zufall noch Vorsehung aus. Wenn ich ein Schriftsteller bin, muß ich vielleicht auf die Inspiration warten, die von außen kommt: »Der Geist weht, wo er will« (Joh III,8).

Aber wenn mich der Heilige Geist nicht mit der Feder in den Händen vorfindet, wird die Inspiration nutzlos vorbeiziehen.

Die vierte Dimension ist Luft (Hauch, Geist), kosmos (*âkâsha*, Äther, der leere Raum), *brahman, tûshnîm* (Schweigen) *nihil* (Nichts, die Leere), *turîya* (das »Vierte«, das über Wachen, Träumen und Schlafen hinausgeht), der Bereich des Mystischen: das, was man nicht sieht, aber spüren kann und was manchmal sogar die Bäume zerreißt und gewaltige Kraft in sich hat. Hier gibt es keinen Schleier, weil nichts zu verbergen ist. Und es ist deshalb nichts zu verbergen, kein *velamen*, weil *nichts ist:* das Nichts, das nichts sagt.

Wir haben eine ursprüngliche Erfahrung, die uns helfen kann, diese Dimension zu beschreiben. Es ist die Erfahrung der *Freiheit* – nicht der Begriff der Freiheit, auch nicht die Vorstellung, sondern die Erfahrung. Natürlich heißt Freiheit in diesem Sinne nicht, im Supermarkt zwischen zwei Teesorten wählen zu können. Wenn unser Leben nur im Auswählen von Gegebenem besteht, leben wir nicht wirklich. Wir leben nur, wenn wir dieses Leben immer von neuem aufs Spiel setzen, d. h., wenn wir das Leben leben lassen.

Wenn es uns nicht gelingt, das auf eine natürliche Weise zu tun, werden uns die Kräftigen unserer Gesellschaft und die junge Generation auf ihre Weise beibringen, daß das Leben gelebt werden will, indem es aufs Spiel gesetzt wird. Dann gibt es plötzlich verrückte Autofahrer, Fixer, Leute, die irgend etwas tun, das wenigstens das Gefühl gibt, daß man lebt, weil man spürt, daß man das Leben verlieren kann. Wenn die Besten einer Gesellschaft nur durch solche Torheiten leben können, ist das ein Beweis dafür, daß wir das Leben vor lauter Versicherung, Angst und Schonung nicht leben. Ich sehe das, was sie machen, als eine Perversion, aber keine Verneinung des Lebens an. Wenn wir nicht wirklich gelebt sind vom Leben selbst, in unseren Worten, im Benehmen, in dem, was wir glauben und tun; wenn wir nur versuchen, was sicher und wohltuend und nicht gefährlich erscheint – dann leben wir nicht. Das nicht gelebte Leben rächt sich durch den Tod. Das Leben will leben, aber das verdrängte Leben sucht den Tod. Die tragischen

Geschehnisse unseres Jahrhunderts, die – mitten aus einer Zivilisation der Ordnung und Sicherheit heraus – zum modernen Krieg geführt haben, sollten uns eine Warnung sein.

Die Erfahrung des Lebens gehört zusammen mit der Erfahrung unserer Befindlichkeit – und das sogar auf dem Gebiet des Wissens. Das widerspricht natürlich Descartes' Philosophie, dessen Sorge um Gewißheit uns, nicht ohne unsere Mitschuld, zur Mentalität des Sicherheitsstaats verführt hat. Mit erstaunlich strengen Worten sagt Bonaventura, der Zeitgenosse Thomas von Aquins: »Zu der These, daß eine Wissenschaft desto wertvoller (edler) sei, je größer die Gewißheit, muß gesagt werden, daß sie keine Wahrheit besitzt.«[45] Und der geniale Augustinus hatte schon vorher seine Version des Cartesianischen *cogito ergo sum* formuliert: *Si enim fallor, sum* (»Auch wenn ich mich täusche, bin ich«, *De civitate Dei* XI, 26).

Nihil: Wir müssen noch tiefer gehen. Die echte Erfahrung des Lebens bringt das Erlebnis der Kontingenz mit sich, d. h. die Berührung *(tangere)* des Nichts. »Falls jemand, indem er Gott sieht, erkennt, was er sieht, hat er Gott selbst nicht gesehen«, sagt Dionysius Areopagita[46]. Ein shivaitischer Text aus Kashmir sagt: »Das größte Geheimnis ist, daß es kein Geheimnis gibt.«[47] Oder Evagrius Ponticus: »Selig ist jener, der die unendliche Unwissenheit erreicht hat.«[48] Unwissenheit, *agnosia, ignorantia* – aber sie muß unendlich sein!

Brahman, das nicht einmal weiß, daß es *brahman* ist; der Äther; der leere Raum (der mit dem naturwissenschaftlichen Begriff gleichen Namens wenig zu tun hat); der Wind; der Atem: *Ich bin auch dies!* Wenn wir unser Ich auf unser kleines Individuum oder auf die Gemeinschaft oder die sozialen Beziehungen beschränken, dann zeigt das, daß wir nur eine kümmerliche Meinung von uns selbst haben. Was uns am meisten fehlt, ist die Überzeugung von unserer Würde, „vor allem nimm Rücksicht auf dich selbst", sagen die goldenen Verse des Pythagoras. Die Erfahrung unserer Unendlichkeit, das Vertrauen in uns selbst; die Entdeckung, daß ich kein Einzelteil des Universums bin – das wäre lächerlich, vor allem dann, wenn ich das Universum nur quantitativ betrachte. Nein, ich bin ein Spiegel der ganzen Wirklichkeit (um eine alte Metapher zu gebrauchen). Es ist ein ganz besonderer Spiegel, in dem die Wirklichkeit so abgebildet wird, daß die Unterscheidungen verschwinden. Es bleibt nichts zu sehen als das, was schon die Antike den Mikrokosmos nannte. Aber in diesem ist der ganze Makrokosmos enthalten. Beide gehören konstitutiv, ihrer inneren Verfassung gemäß, zusammen.

Schweigen: An dieser Stelle ist das Wort »Kontemplation« zu Hause. Es hat sehr wenig mit »Überlegung«, »Besinnung« oder »Theorie« zu tun. Kontemplation ist nicht so sehr die Synthese von *actio* und *theoria*, von Praxis und Theorie, als vielmehr der Urgrund, aus dem beide erst hervorgegangen sind. Deshalb hat Kontemplation ein intellektuelles und ein praktisches Moment; Denken führt zu einer gewissen Klarheit, Praxis zu einer gewissen Veränderung des Sachverhalts. Kontemplation ist nicht eine Mischung aus beiden, auch nicht ihre Synthese, sondern jene zugrundeliegende Haltung, in der Wissen und Tun sich noch nicht getrennt haben. Die Alten sagten: *Operari sequitur esse* (das Tun folgt auf das Sein); später sah man es umgekehrt: *Esse sequitur operari.* Aber ist es nicht die eigentliche menschliche Erfahrung, daß wir *sind,* indem Handeln und Denken nicht gespalten sind, wenn auch das Nachdenken beide unterscheiden kann?[49] Das kontemplative Leben ist weder reine Beschauung noch bloße Tat; es ist eher die beschauliche Tat und die tätige Beschauung, das ungespaltene Leben. Sein Name ist Weisheit.

Was wir hier betonen müssen, ist die Einsicht, daß der Mensch nicht ein isoliertes Seiendes ist, dem äußere Beziehungen als Ergänzung hinzugefügt werden – dann wären sie bloß Akzidentien. Sondern der Mensch ist seiner Natur nach gerade diese Ganzheit. Es sei nochmals hervorgehoben, daß die Anthropologie der heute dominanten Zivilisationsform eine viel zu enge Auffassung vom Menschen hat. Wenn man die Tiere nur als Maschinen sieht, wie es der Westen nach Descartes praktisch angenommen hat, so wird der Mensch, nach aristotelischer Definition das *animal rationale,* in der Sicht der Moderne zu einer »vernünftigen Maschine«. Damit kann unsere *quaternitas* wenig anfangen.

Hier liegt der existentielle Kern der Sache. Die Korrelation zwischen *karman, jñâna und bhakti,* Tätigkeit, Erkenntnis und Liebe, ist vollständig, es fehlt ihr nichts. Man könnte daher für das vierte Zentrum das Wort *tûshnîm* wählen, was Ruhe, Schweigen, Stille heißt, um die Quaternität abzurunden. Andere Traditionen haben dafür z. B. *sigê, silentium, sosiego,* Abgeschiedenheit gewählt. Damit ist aber nicht eine Stille des Denkens gemeint, das wäre *yoga;* nicht eine Stille des Tuns, das wäre unmenschlich; nicht eine Stille des Herzens, das könnte tödlich enden.

Sondern es ist etwas, das die alten Chinesen *wu wei* genannt haben; Chuang-tzu beschreibt es als eine Absichtslosigkeit, die die notwendige Voraussetzung für jede Tätigkeit ist: »Das Nicht-Handeln ist das Gesetz des Weisen« (XIII,3). Im Tao-te king (2) wird gesagt: »Der Weise wirkt ohne handeln, lehrt ohne reden« – gerade weil dieses Nichts auch zum Menschen gehört. Christliche Mariologen würden es »Fülle der Gnade« nennen – wie sie Maria vom Engel erfahren hat (Lk I,28). Durch sie vereinen sich Natur, Kultur und Gnade in völliger Harmonie und Untrennbarkeit in einem Menschen. Da ist nichts Künstliches, Artifiziöses, nichts Hinzugefügtes. Es ist dennoch keine bloße Passivität, kein Quietismus, denn es gehört mit zur Würde des Menschen, daß er das Universum zur Vollkommenheit bringen soll. Vielleicht ist es der kosmische Rhythmus, der in uns hinein und durch uns hindurchgeht und der durch uns im gleichen Moment transformiert wird, indem wir uns ihm anpassen. Der Rhythmus des Seins ist nicht vorgegeben, die Harmonie ist eine schöpferische und selbst sogar eine zu schaffende.

Das Mystische: Wenn das erste Zentrum das Moralische umfaßt, das zweite das Psychologische und das dritte das Ontische, so müssen wir hier vom Mystischen sprechen. Doch muß man beim Wort »mystisch« vorsichtig sein, sonst besteht die Gefahr, daß es wie in einem englischen Wortspiel (zu *mysticism*) mit *mist* (Nebel) anfängt und mit »*schism*« (Spaltung) aufhört. Das wäre keine gute Perspektive. Aber diese Gefahr ist unvermeidlich. Die höchsten und feinsten Dinge auf der Welt sind gerade die, die sich auch am schlimmsten auswirken und selbst verderben können. Die echte Mystik aber gehört mit zur Harmonie jenes Nicht-Wissens, jenes inneren Friedens, jener unsterblichen Freude, die leicht in Zynismus, Gleichgültigkeit, Unmenschlichkeit und anderes umschlagen kann.

Was könnte jenes Wort »mystisch« bedeuten? Man kann dafür die Analogie des »dritten Auges« benutzen. Seit Platon sagt man in der griechischen Tradition, daß man die ganze Wirklichkeit durch das Empirische, d.h. durch die fünf Sinne, Sehen, Tasten, Schmecken, Riechen, Hören, wahrnehmen kann. Die *aisthêsis* – das ist eigentlich die »Sinnlichkeit« – ist eine menschliche Beschaffenheit und somit unentbehrlich für alle Wege der Spiritualität. Wenn sie nicht berücksichtigt wird, wird sich das schwer rächen. Die Sinnlichkeit ist nicht nur wesentlich menschlich, sie ist auch ein konstitutiver Bestandteil der Gesamtwirklichkeit. Und in der Sinnlichkeit, im Ästhetischen, ist zugleich auch die Schönheit zu Hause. *Kosmos* heißt zugleich Schmuck und Welt. Die griechisch-orthodoxe Tradition des Christentums, die jener vorchristlichen Philosophie besonders verbunden ist, sagt, daß das erste Attribut Gottes die Schönheit ist.

Wenn man die Sinnlichkeit verliert, dann ist man verloren. Aber die Sinnlichkeit muß durchdrungen werden – nicht nur ergänzt vom Intellekt, vom *nous*, vom Geistigen, vom Denken, von unserem intellektuellen Bewußtsein, das nicht von ihr zu trennen ist. Wenn diese Durchdringung gelingt, werden wir unsere Sinnlichkeit, unseren Willen und unser Denken entfalten können. Der Mensch ist ein sinnliches, aber auch ein vernünftiges Wesen. Wir dürfen die intellektuelle Dimension des Menschen nicht vernachlässigen; wenn wir sie beseitigen würden, wären wir nicht mehr Menschen. Die Vernunft hat ihre Rechte, die zu bestreiten selbstmörderisch wäre.

Doch hat sich in einigen Kulturen das Menschenbild und die Realitätsauffassung anscheinend auf zwei Dimensionen reduziert. Das ist die große Gefahr jeder ausschließlich technokratischen Zivilisation. Menschen aller Zeiten, auch in diesen im höchsten Grade dualistisch denkenden Kulturen, erinnern uns daran, daß es noch ein drittes Auge gibt, das uns eine dritte Dimension der Wirklichkeit erschließt. Mit Platon könnte man die erste Dimension *ta aisthêtika*, die zweite *ta noêta* und diese dritte *ta mystika* nennen: das Mystische.

Wir haben ein drittes »Organ«, das uns wie die anderen Wahrnehmungsorgane in Berührung mit der Wirklichkeit bringt. Den Sinnen entspricht die materielle und raum-zeitliche Dimension der Realität. Dem Intellekt, dem *nous*, entspricht die intellektuelle Dimension der Wirklichkeit, die genauso wirklich ist wie die physische. Wir sagen zum Beispiel »Gerechtigkeit« und »Wahrheit«, und damit ist ein gewisser Sinn verbunden, eine gestaltende, Wirklichkeit schaffende Kraft. Aber es gibt auch noch diese dritte, zusätzliche Wahrnehmungsmöglichkeit einer sonst unsichtbaren Dimension der Wirklichkeit. Das ist das Mystische, das Unaussprechliche, das man mit nichts benennen kann, so daß man, wenn ein Wort vonnöten ist, »Nichts« oder »das Nichts« sagt.

Das Verhältnis dieser dritten Dimension zur zweiten ist analog der Beziehung zwischen dieser und der ersten. Der Mensch kann keine rein sinnliche Wahrnehmung haben, die nicht irgendwie auch intellektueller bzw. bewußter Natur ist. Ähnlich kann man keine intellektuelle Anschauung haben, ohne daß gleichzeitig die dritte Dimension gegenwärtig ist. Sie spielt sich so hinein, daß sie uns in derselben intellektuellen Einsicht »erspüren« läßt, daß es »mehr gibt«, als was uns die Vernunft erschließt. Mit dem Intellekt ahnt der Mensch, daß die Wirklichkeit, auch das kleinste Seiende, eine unergründliche Tiefe hat. Ebenso erspürt er mit dem Intellekt, daß sie auch anders sein könnte. D.h. Unendlichkeit und Freiheit sind zwei menschliche Urerfahrungen, die die Vernunft voraussetzen, aber gleichzeitig übersteigen.

Unsere drei »Organe«, Fenster, Wahrnehmungsmöglichkeiten für die Wirklichkeit gehören untrennbar zusammen. Wenn ich denke, ist auch mein Gefühl dabei. Wenn ich empfinde, ist auch mein intellektuelles Bewußtsein dabei. Ähnlich ist auch dieses Dritte immer präsent. Die Wirklichkeit läßt sich nicht auf zwei Dimensionen reduzieren. Es ist die Funktion des dritten Organs, die beiden anderen zu vertiefen. Es ist ihr Wesen, diese zu durchdringen, und zwar gerade so, daß sie selbst unsichtbar, unaussprechbar, unwahrnehmbar bleibt. Die Mystik ist zu Recht in Verruf geraten, wo man aus ihr eine von anderen Dimensionen des Lebens abgetrennte Spezialität hat machen wollen.

Schon die Annahme der Möglichkeit, von diesem dritten Gebiet separat zu sprechen, ohne die beiden anderen einzubeziehen, ist ein Widerspruch. Sobald man sich vorstellt, daß dieses dritte Auge, diese Offenbarung des Höchsten, diese Besonderung des Herzens allein und unabhängig sein könnte von der Sinnlichkeit und vom Intellekt, genau dann fängt die Verdorbenheit an, die mit dem Stichwort Religion so oft verbunden ist. Nur wenn ich mir die sinnlich-materielle und die intellektuelle Dimension der Wirklichkeit aufschließe, kann ich erfahren, daß sie im ganzen nicht ausreichen. Und dadurch öffnet sich langsam oder schnell dieses Dritte in meiner Wahrnehmung. Und gleichzeitig können wir nicht verneinen, daß gerade die sich selbst »entwickelt« nennenden Völker der Erde im großen und ganzen geistig unentwickelt sind und unter einer kulturellen Atrophie dieses drittes Organes leiden.

Teresa von Avila ist einmal während der ersten Jahre ihres Konventslebens von diesem Hochmut des mystischen Lebens geheilt worden. Eine neue Priorin sollte gewählt werden – in den Klöstern herrschte damals eine gewisse Demokratie. In ihrer geistigen Versunkenheit hörte Teresa eine übernatürliche Stimme, die ihr versicherte, daß es der Wille Gottes sei, sie selbst solle Priorin werden. Daher lachte sie insgeheim über all die anderen, jene kleinen Politiker, die auch in den Konventen am Werk sind und eine Art »Wahlkampf« veranstalteten. Dann kam die Wahl, aber Teresa wurde nicht gewählt. Sie ging betrübt zum Kruzifix und klagte ihm ihr Leid, wo sie doch zum Göttlichen so gute Beziehungen hatte. Teresa war klug genug, keine besondere Offenbarung zu erwarten. Trotzdem hörte sie auf einmal ganz klar die Antwort auf ihre Tränen: »Ja Teresa, *ich* wollte schon, daß du Priorin wirst, *aber die Nonnen wollten nicht!!*« Mystizismus gegen den Willen der Nonnen ist unmöglich. Gott will, aber wenn die Nonnen nicht wollen, geht nichts ...

Das Mystische ohne das Intellektuelle ist ein Gespenst. Das Mystische ohne das Sinnliche ist unmenschlich. Aber genauso ist das Sinnliche ohne das Intellektuelle und ohne das Mystische verkümmert und banal. Und Gedanken allein, ohne jenes andere, das die Atmosphäre erschafft, das Verständnis ermöglicht, sind lediglich Waffen der intellektuellen Gewalt. Die drei gehören wesentlich zusammen.

Doch ist dabei ein Unterschied zu beachten: Das Sinnliche kann man kultivieren. Dazu braucht man Disziplin und sogar Askese. Auch das Intellektuelle kann man kultivieren, wenn auch diese Kultur viel raffinierter ist. Der Wille läßt sich zwar nicht kommandieren, sonst wäre er kein Wille; doch hängt das Wollen des Willens nicht vom Willen ab. Deshalb ist Freiheit mehr als nur eine Sache des Wollens. Man muß den Willen auf eine sehr sanfte Art kultivieren. Das Intellektuelle läßt sich nicht zwingen, aber erziehen. Wahre Erziehung ist kein Militärdienst.

Beim Mystischen ist die Sache noch subtiler: Man *muß* es ebenfalls kultivieren. Aber im Gegensatz zum Sinnlichen und zum Intellektuellen *kann* man es weder zwingen noch erziehen; es ist keine Sache des Trainings noch des Willens. Gerade die Begierde nach *nirvâna* ist das große Hindernis vor dem Erreichen des *nirvâna*. Der Wille zur Heiligkeit führt zu Heuchelei oder Hochmut. Der Drang, mich irgendwie zu einer geistigen Persönlichkeit oder zu einem spirituellen Menschen zu entwickeln, damit ich ein bißchen mehr Frieden, ein bißchen weniger Leid, eine bessere Laune habe oder was auch immer, gerade er führt zur Frustration. Er ist letztlich verantwortlich für die Epidemie der Depressionen in unserer modernen Zeit. Depression heißt nichts anderes, als daß da ein Druck ist gegen eine andere »Pression«. Sie ist eine Krankheit des Willens: Ich ziele hoch, und dann kommt etwas dazwischen, das meinem Willen widersteht.

Das Mystische läßt sich weder trainieren noch kultivieren. Doch es läßt sich lieben. Wir sind einfach ausgeliefert. Lieben kann man nicht auf Kommando. Liebe ist schöpferisch, wirklich, »sunder Warumbe« (Eckhart). Nur die Reinheit des Herzens versetzt uns in eine Situation, in der diese dritte Dimension des Schweigens und des Unsichtbaren die beiden anderen vervollständigt. Das ist alles. Es bedeutet, daß das »Urseyn des Willens« nicht das letzte Wort hat. Der Weg der Spiritualität ist letzten Endes kein Weg. Dennoch können wir uns, gerade weil wir gezwungen sind, auch Intellekt und Sinne zu gebrauchen, nicht mit bloßem Glauben begnügen und uns darauf verlassen, daß alles Gnade sei, ein göttliches Geschenk, bei dem wir lediglich Empfänger sind. Zwar ist alles Gnade, aber es fängt immer wieder von vorne an – und niemals ohne uns. Solange wir leben, sind wir nie am Ende dieses Prozesses. Die neue Unschuld ist eine immerwährend sich erneuernde Unschuld.

Kosmos: An dieser Stelle muß einiges über die Freiheit gesagt werden: Freiheit hat wenig mit Wahlfreiheit zu tun. Denn Wahl bedeutet zu entscheiden, d. h. zu scheiden zwischen »A« und »B«, einen Schnitt durch die Wirklichkeit zu machen. Freiheit kann nicht Trennung zur Folge haben. Salomon wußte das, als er sein berühmtes Urteil sprach. Denn es gibt nicht halbe Kinder; die Mutter wird das Kind nicht in zwei Teile teilen lassen, selbst wenn es ihr der Richter nicht zuspricht (IKön III,16–28). Wer die Wahl hat, hat die Qual, sagt man. Qual ist nicht Freiheit.

Wie erfahre ich, was erfahre ich, wenn ich mich als frei erfahre? Erstens, und das ist die Voraussetzung, mache ich die Erfahrung, daß alle Angst verschwunden ist: Angst vor dem Leben, dem Tod, dem Erfolg, dem Fiasko, der Liebe, der Verachtung, dem Leid, der Wahrheit, vor mir selbst. In allen ihren Stufen ist die Angst verschwunden. Sie fehlt nicht deshalb, weil es keine ängstigenden Objekte mehr gäbe – es gibt auch Angst vor dem Nichts –, sondern weil das Subjekt der Angst nicht mehr vorhanden ist. Nicht, daß es keine Gespenster gäbe, keine bedrohlichen Machthaber oder was immer, sondern mein Kern, der eigentlich Angst haben müßte, ist einfach nicht da.

Es ist einleuchtend, daß man nicht völlig frei von Angst sein kann, wenn man nicht frei ist, wenn noch ein *ego* da ist. Solange das *ego* existiert, mag es sogar heilsam sein, Angst zu haben. Ohne eine gewisse Furcht würde das menschliche Leben chaotisch. Es soll also nicht gesagt sein, daß jede Angst verwerflich sei; wir behaupten nur, daß jede Angst die Freiheit beeinträchtigt.

Zweitens: Wenn ich wirklich furchtlos bin und in diesem Sinn keine Hemmung mehr habe, dann bin ich losgelöst von allen Determiniertheiten. Damit meine ich nicht den Rahmen und die Konturen, die zu meinem Wesen gehören. Sie begrenzen mich und verleihen mir dadurch die Fähigkeit, die Wirklichkeit zu umfangen. (Das sei gegen jeden Individualismus gesagt, der Freiheit als Grenzenlosigkeit mißversteht). Sondern es geht um eine tiefere Dimension des Seins, eine letztliche Nicht-Determiniertheit am Grunde von allem, was ich tue und bin. Freiheit in diesem Sinn ist nicht eine Frage der Chromosomen meiner Eltern und Großeltern, der Kultur und der Sprache, der sozialen Beziehungen und anderer Bedingtheiten. Sondern ihre Sphäre liegt dort, wo ich, metaphysisch gesagt, das Nichts erfahre (was eine Erfahrung ohne Inhalt, eine Erfahrung von nichts ist). Diese Erfahrung läßt sich nicht beschreiben, man kann sie nur aufstrahlen lassen. Es ist dies, daß mein Leben noch nicht gelebt ist und daß das Leben dieses Lebens nicht von Autobahnen, Geschäftsordnungen und irgendwelchen anderen Äußerlichkeiten abhängt, sondern von *nichts*. Ich werde mit dieser Erfahrung keineswegs Selbstmord begehen – das wäre im Gegenteil ein Beweis für meine Unfreiheit, mein Verhaftetsein in den Äußerlichkeiten, von denen ich mich befreien will. Die Freiheit bedarf keiner Befreiung.

Freiheit ist jene Erfahrung der Unendlichkeit, daß das, was ich bin, noch niemals jemand gewesen ist. An ihrem Beginn steht die Erfahrung der Unvertauschbarkeit. Es gibt etwas in mir, das es erst möglich macht, daß *ich* vergessen will, daß *ich* vielleicht neidisch bin auf Sachen, Werte und Leute, daß *ich* genießen will, daß *ich* haben will. Es ist etwas, das in mir drinnen steckt, das ich mit all diesem Neid, dieser Gier bedecke. Und dieses Etwas ist einmalig, unentbehrlich. Und es ist, um paradox zu sprechen, *mir anvertraut.* Gerade ich bin dieser Kern der Wirklichkeit, der in genau diesem Fall durch nichts anderes bestimmt ist. Es ist der Ernst des Lebens, die Erfahrung der Freiheit, daß mir etwas anvertraut ist, daß dieses Etwas unersetzlich ist und daß ich es bin. Das ganze Universum ist da, aber auch ich bin da, mit der Möglichkeit des Nichtseins.

Worum es geht, läßt sich am besten an der sehr unpopulär gewordenen Lehre von der Hölle verdeutlichen. Das Ernsthafte des Glaubens an die Hölle ist die Erfahrung, daß es etwas gibt, das in mir sprießen und sich entfalten will, das aber auch in einer Art Abtreibung endgültig verlorengehen kann. Ich bin kein Ersatzteil, das austauschbar wäre: Wenn ich das, was ich bin, nicht tue, macht es kein anderer. Hier kann niemand helfen, niemand mich ersetzen, und zwar deshalb, weil es gar nicht darum geht, irgendeine Arbeit zu leisten, eine Funktion zu erfüllen. Es geht um Sein und nicht um Haben; es geht darum, daß etwas in mir ist, das endgültig, nicht rückgängig zu machen ist. Hiob spricht von dem Weg, der nicht zurückgegangen werden kann (Ijob XVI,22). Das ist die Erfahrung der Freiheit, der höchsten Würde des Menschen.

Thomas von Aquin sagt: »Die Sünder, insoweit sie Sünder sind, sind nicht« (*„inquantum vero peccatores sunt, non sunt, sed ab esse deficiunt“*, *Sum. Theol.* I, q.20, a.2, ad 4.). Etwas, das hätte geboren werden können zum ewigen Leben, ist nicht geboren worden. Für immer wird an seiner Stelle ein Loch sein. Es geht nicht um fünf Minuten oder um irgendeine Zeit, sondern es wird kein Ich sein. Ich habe mein Ich, meine Wirklichkeit verloren. Das ist Hölle. Dann verstehen wir die christliche Tradition im Munde des Dichters Dante: »Die göttliche Macht hat mich geschaffen, die höchste Weisheit und die erste Liebe« (Inferno III,5–6).

Das besagt, daß ich einmalig, unersetzbar bin, kein Abbild irgendeines Modells. Es bedeutet auch, daß ich niemanden nachahmen soll. Damit soll nicht gesagt sein, daß ich im Kosmos besonders wichtig oder von langer Dauer wäre, was die Vorstellung der Hölle vielleicht suggeriert. Ich habe einmal eine sehr rechtgläubige Dame in ihrer Höllenangst getröstet, indem ich ihr sagte, daß diese Ewigkeit, die die Hölle ist, nicht einmal eine Minute dauern wird. Ewigkeit hat keine Dauer.

Der Weg der Spiritualität ist kein Weg, wie uns Abhinavagupta sagt *(upayânupaya)*, und auch Johannes vom Kreuz: »Auf dem Gipfel gibt es keinen Weg ... auf dem Gipfel: nichts.« Es ist paradox: Einübung in eine echte Spiritualität ist die Erfahrung einer Wirklichkeit, die noch nicht gemacht worden ist, die nicht von einem fertigen Menschenbild oder einer apriorischen Weltanschauung abhängt, sondern die gerade eben erst von uns neu geschaffen wird. Weil es keinen Weg gibt, haben wir keine Angst, uns zu verirren, ihn zu verlieren. Es geht darum, in uns eine reine Vitalität zu erwecken, worauf ich oben hinzudeuten versucht habe. Wenn wir auf dieser Tiefenebene sind, wo wir wirklich ausgeliefert sind, wo uns die Erfahrung der Gnade oder der inneren Wirklichkeit als zentrale Realität gegeben ist und das Ich nichts anderes mehr ist als dieses Empfangen, dann erfahren wir paradoxerweise die Freiheit, die uns jede Angst, jedes Gefühl der Selbstgenügsamkeit nimmt: Wir erfahren die Einzigartigkeit unseres Lebens, die dem ganzen Universum gleicht.

Das ist das Mysterium Mensch, eine *quaternitas*, die sich einerseits in jedem von uns widerspiegelt, andererseits uns durch ihren Spiegel selbst sein läßt. Das folgende Schema veranschaulicht das Gesagte:

I	II	III	IV
Erde	Wasser	Feuer	Luft
sôma	*psychê*	*polis*	*kosmos*
jîva	*aham*	*âtman*	*brahman*
karman	*jñâna*	*bhakti*	*tûshnîm*
bonum	*verum*	*ens*	*nihil*
Wachen	Träumen	Schlafen	Schweigen
das Moralische	das Psychologische	das Ontische	das Mystische

Die »vollkommene Vierheit« im Gespräch

In der Bibel steht, daß der Geist weht, wo er will (Joh III,8). Daraus folgt doch, daß er dem Menschen nicht verfügbar ist und daß daher alles, was der Mensch erkennen kann, schleierhaft und unvollkommen ist. Auch Paulus sagt: »Jetzt schauen wir in einen Spiegel und sehen nur rätselhafte Umrisse, dann aber schauen wir von Angesicht zu Angesicht« (IKor XIII,12). Wie können Sie dann vom Zerreißen der drei Schleier reden? Wie kann jene Erkenntnis der religiösen Wege, die quaternitas perfecta, frei sein von dieser Verschleierung, die den rechten Weg eben doch verhüllt? Steht nicht deshalb jener Satz im Johannes-Evangelium (XIV,6): »Ich bin der Weg, die Wahrheit und das Leben. Niemand kommt zum Vater denn durch mich«? Wie sehen Sie einen Menschen, der an diesen Satz glaubt?

Wenn er *nur daran* glaubt, ist er noch kein Christ. Wenn ich glaube, daß Jesus auferstanden ist, und ich habe selbst an dieser Auferstehung überhaupt keinen Anteil, dann ist mein Glaube nur eine Abstraktion. Wir sind „Gottes Kinder, weil (wir) Kinder der Auferstehung sind", sagt Christus (Lk 20,36). Die Mysterien Christi sind auch unsere Mysterien. Wenn wir an diesen Mysterien nicht teilhaben, haben wir nichts davon. Glauben ist nicht ein Akt des Denkens, kein bloßes Für-wahr-Halten. Sondern dieses Wort bezeichnet die existentielle Teilhabe am Schicksal Jesu Christi, an seiner Erfahrung und Realität. Ist er tatsächlich auferstanden, so bin ich es auch – oder ich bin auf dem Weg dorthin (vgl. Röm VI,8). Ist er die Wahrheit, so bin ich es auch, indem sich mein Ich mit dem seinen identifiziert (vgl. Joh VI,58; Phil I,21; IIKor V,15 usw.).

Gerade ein Christ kann das aussprechen und seinen Mut bestärken, weil Jesus ihm zeigt, daß das der Fall sein kann. Die Mysterien seines Todes und seiner Auferstehung sind nicht Ausnahmen nur für Jesus. Er ist gestorben, damit *wir* Leben haben. Er ist auferstanden, damit auch *wir* auferstehen können. Er ist Wahrheit, damit auch *wir* sagen können, was er gesagt hat. Sonst sind wir nur stolz darauf, einen guten Führer zu haben. Das ist kein Glaube, der zur Rettung fähig ist. Glaube ist immer persönliche Anteilnahme – und keine Magie. Um auf die theologischen Fragen einzugehen, müßte ich auf meine anderen Schriften hinweisen. Philosophisch will ich nur sagen, daß die existentielle Aussage: »Ich bin die Wahrheit« nicht identisch ist mit der rein objektiven Aussage: »Christus ist die Wahrheit«, weil das Subjekt nicht mehr Christus ist, sondern mein Verständnis von ihm. Das Symbol des Weges ist ganz richtig gewählt: Die Schleier sind (nur) für unterwegs da. Offenbarung aber bedeutet die Aufdeckung eines jeden Schleiers *(inchoatio vitae aeternae).*

Wie verhält sich das, was Sie über die quaternitas perfecta gesagt haben, zur christlichen Trinitätslehre? Betont diese nicht sehr unzweideutig die Absolutheit Gottes und daher auch des Christentums als Religion? Geht die Offenheit Ihrer Aussagen nicht vorbei an den klaren Lehrsätzen des Christentums, wie sie zum Beispiel das Verhältnis des Vaters zum Sohn und Geist, Gottes zum Menschen und zur Welt beschreiben? Läßt sich die Trinitätslehre zu einer Art Schöpfungstheologie umfunktionieren? Deuten Sie das nicht alles zu sehr in anthropologischen Kategorien? Oder kann man von einer Art interreligiöser Trinitätslehre sprechen, die diese Klärungen als Engführungen versteht und transzendiert?

Dazu müßte vieles gesagt werden. Man darf in der Tat nicht vergessen, daß es sich um grundsätzliche Fragen handelt, die nicht leichthin erledigt werden können. Vielleicht darf ich mich hier als orthodoxen, d.h. weder heterodoxen noch mikrodoxen Christen bekennen, der sich gerade durch Christus seiner Freiheit freut (vgl. Gal V,1.13; Röm VIII,21; IIKor III,17 usw.).

Ich habe hier nur die Anthropologie behandelt, während ich die Theologie anderswo entfaltet habe. Auf keinen Fall möchte ich beide identifizieren, obwohl sie untrennbar sind: Die Lehre von Gott ist immer eine Gotteslehre, wie *Menschen* sie annehmen, verstehen, glauben. Ich bin so sehr von der zentralen Bedeutung der Trinität überzeugt, daß ich mich aus diesem Grund nicht als Monotheist bezeichne – ohne jedoch Tritheist zu sein. Ich möchte nur einen besonderen Aspekt herausheben: Die Trinität ist kein Monopol Gottes. Die ganze Realität ist trinitarisch.

In der heutigen Theologie spricht man von der »immanenten Trinität«, das heißt dem Verhältnis der göttlichen Personen, Vater, Sohn und Geist, zueinander. Es gibt aber auch die Theologie der »ökonomischen Trinität« – und das steht in ältester theologischer Tradition, die auf die Kirchenväter zurückgeht. Ökonomie ist das Heilshandeln Gottes in der Schöpfung. Ökonomische Trinität bedeutet, daß alles, was Gott erschafft, ein Bild des trinitarischen Gottes ist und daß die ganze Trinität an der Schöpfung mitbeteiligt ist. Das ist ein klassisches theologisches Modell. Im Geiste von Thomas von Aquin kann ich sagen: *Unus idemque actus quo Pater generat Filium creat mundum* (»Im selben, einzigen Akt, in dem der Vater den Sohn zeugt [also im innertrinitarischen Akt], erschafft er auch die Welt«)[50].

Ich gehe noch einen Schritt weiter und spreche neben der immanenten und der ökonomischen Trinität von der *radikalen Trinität*. Sie besagt, daß die ganze Wirklichkeit trinitarisch ist, und zwar in dem Sinne, daß es immer nur eine Abstraktion ist, wenn wir von »Gott« oder vom »Menschen« sprechen. Ich kann von Gott nicht sprechen, ohne zu berücksichtigen, was Gott getan hat. Gottes Sein und Gottes Tun sind untrennbar. Daher gehört, was Gott getan hat, zu Gott. Gott, Mensch und Welt sind einfach nur drei Abstraktionen. Es gibt keinen Gott ohne Menschen, keinen Menschen ohne Welt, keine Welt ohne Gott. Die drei gehören zusammen, wenn wir existentiell und der Wirklichkeit entsprechend reden. Alles, was tatsächlich ist, ist göttlich, menschlich und raum-zeitlich, d.h. materiell. Es gibt nichts, was nicht materiell, menschlich und göttlich ist. Denn letztlich sind das unsere Einteilungen. Deshalb ist das Göttliche überall, wie auch das Materielle und das Menschliche.

Die wahre Schau der Wirklichkeit entdeckt in jedem Wesen, in jedem kleinen Ding das Göttliche wie das Menschliche wie das Materielle. Das nenne ich die *kosmotheandrische*

Schau oder die *theanthropokosmische Vision*. So ist die Trinität der Ansatzpunkt des Ökumenismus, der Begegnung und gegenseitigen Befruchtung der verschiedenen religiösen Traditionen.

Um auf die Frage der Schöpfung kurz einzugehen, meine ich, sagen zu können – und im christlichen Sinne auch sagen zu dürfen –, daß der Anfang der Schöpfungserzählung (Gen I,1) durch *Joh I,3* interpretiert werden muß: »Alles ist durch Ihn geworden.«

Heißt dies, daß die Mystik der drei Schleier nicht nur in bezug auf das objektive Jesusdogma, sondern auf das ganze christliche Dogmensystem relativierend wirkt?

»Hortet euch nicht Schätze, wo Motte, Wurm oder Diebe etwas tun können« – wird in der Bergpredigt gesagt (Mt VI,19).

Zusammenfassend möchte ich folgendes zu den drei Schleiern sagen: Die letzte Würde unseres Lebens ist die Weisheit, und sie wohnt nur da, wo weder das Gedächtnis noch der Intellekt, noch der Wille ihr etwas antun können. Alles, was man vergessen kann, sämtliche Anhäufung von Informationen, ist sicher nicht Weisheit. Was wir durch unseren Intellekt meistern können, was wir begreifen, anpacken, also worüber wir herrschen können, das ist wiederum keine Weisheit. Nicht ohne Grund unterscheiden die Alten zwischen Erkenntnis, Wissen und Weisheit (Jes XI,3 beispielsweise). Die Weisheit ist nicht nur für die Schlauen da. Auch was Gegenstand des Willens sein kann, ist unfähig zur Weisheit. Die Weisheit ist nicht eine Sache des Willens, sie ist kein Objekt, das mit unserem Willen manipuliert werden kann. Nicht ohne einen tiefen und gleichzeitig ironischen Grund wird sie so oft als eine Dame symbolisiert!

Es steht aber auch am selben Ort geschrieben: Wo unser Schatz ist, da wird auch unser Herz sein (Mt VI,21). Ist unser Schatz die Geschichte, also das, was man verlieren kann, die Kenntnisse, also alles, was wir gelernt haben, oder das Gute, das wir gewollt und gesammelt haben, so wird die Weisheit nicht bei uns wohnen; sie ist nicht da, wo etwas durch Motte,

Wurm oder Dieb verzehrt oder gestohlen werden kann, bzw. ist sie solcher Natur, daß alle unsere seelischen Mächte ihr nichts antun können.

Deshalb versteht und verwirklicht nur die Weisheit das, was auch geschrieben steht: »Sorgt euch nicht um das Morgen!« (Mt VI,34). Das kann man mit der Vernunft nicht rechtfertigen. Es sieht tatsächlich verantwortungslos aus. Und die, denen es so erscheint, sie sollten sich um Gottes willen nicht von den Kümmernissen des Morgen befreien!

Ich könnte eine dialektische Antwort geben, doch wäre sie keine weise Antwort. Ich kann nur bezeugen, daß diese Haltung nicht irrational ist, noch sein soll. Man muß gleichzeitig Taube und Schlange sein! Wer Augen und Ohren hat, der mag tasten, schmecken, also die *sapida scientia,* die weise (schmackhafte) Erfahrung machen.

Was meinen Sie mit »polis« in Ihren Ausführungen zur »quaternitas perfecta«?

Ich habe den Begriff *polis* in einem Zusammenhang eingefügt, den ich in meinem französischen Buch: *Le métapolitique* ausgearbeitet habe: Also das Meta-Politische ist gemeint, obwohl vielleicht manche glauben, das existiere nicht.

Es ging darum, was *âtman* ist. Ich habe gesagt, Atman bedeutet nicht »Selbst«. Es ist nur eine Notlösung, das Wort so zu übersetzen. Atman ist der Mittelpunkt jener Realität, die gleichzeitig immanent und transzendent ist, und symbolisiert die Selbst-Vervollkommnung des Menschen. Das kann nur in der *polis* geschehen, in dieser kosmischen, hauptsächlich aber menschlichen Gemeinschaft, in der auch die Alltagstätigkeiten ihren Platz haben und nicht als minderwertig herabgewürdigt sind. Es geht um jenen Atman, der in allem da ist. Er soll sich nicht nur auf die Spitze der Seele und des menschlichen Lebens konzentrieren, sondern ALLES durchdringen. Und deshalb ist das Symbol dieser dritten Dimension das Feuer, und die menschliche Zugangsweise ist hier nicht das Intellektuelle, sondern die Liebe, die Hingabe und so weiter.

In Ihrer Darstellung der »Quaternitas« kam der Eros nicht vor. Hängt das vielleicht mit dem Thema »bhakti« zusammen oder mit »Sinnlichkeit« – oder mit beidem?

Ich habe nicht ausdrücklich über Eros gesprochen, weil dieses Thema jetzt so in Mode gekommen ist, daß es fast zur Selbstverständlichkeit geworden ist, darüber zu reden. Eros ist in der Tat *bhakti*, Eros durchdringt alles, und Sinnlichkeit ist auch Eros (obwohl der Begriff Eros dazu näher erklärt werden müßte). Ich schließe Eros nicht aus, sondern ein. Das Wort müßte bei einer genaueren Entwicklung des Begriffs *bhakti* eine große Rolle spielen. Nur hat es auch keinen Sinn, obsessiv alles mit Eros zu besetzen.

Wir sind immer in konkreten Situationen. Und das Lebendigste, Nächstliegende in einer Situation ist die spontane Reaktion auf das, was in ihr dominant ist. Ein Dominikaner gab mir den Rat: »Willst du eine gute Predigt halten, so denke dir einen Feind!« Wenn du weißt, *gegen wen* es geht, hast du Kraft. Und wie mühsam geht es zu, wenn du gegen niemanden bist! Das gilt auch hier: Wenn im Christentum die Sinnlichkeit unterdrückt ist, wenn wir innerlich kastriert worden sind, dann ist es verständlich, daß wir von Eros-Bildern, von sexueller Freiheit und Befreiung reden und so weiter. Aber andere Menschen werden sich denken: Ich habe das gar nicht nötig. Und dann? Dann ist es außerhalb der eigenen Situation. Und da man sich hier in anderem Sinne befreien muß, ist es sinnlos, so viel Zeit und Energie auf etwas zu verschwenden, was uns nicht so unmittelbar angeht.

Eros ist wichtig. Jene gewisse Befangenheit, Unterdrückung und Verdrängung in der christlichen und katholischen Erziehung ist etwas wirklich Schändliches und Tödliches, gegen das man kämpfen muß. Aber manchmal ist das beste ein ganz gelassener Kampf, in dem man das alles nicht so ernst nimmt. Wenn das Zweite Vatikanum meine Bücher verboten hätte, wären sie mit Sicherheit Bestseller geworden, aber dazu bin ich anscheinend zu brav. Ich will nicht die Kirche reformieren; ich habe schon genug zu tun, mich selbst zu reformieren.

Wir haben davon gesprochen, daß den Kindern jene Ursprünglichkeit genommen wird, die wir alle für uns selbst wieder zurückerlangen wollen. Was ist die Funktion der Eltern bei der Entwicklung ihrer Kinder, um sie zu bewahren vor den spirituellen Verfestigungen, über die wir gesprochen haben? Ich sehe drei Möglichkeiten. Die erste wäre, das Kind religiös zu erziehen. Die zweite wäre, das zu bewahren, was ihm ursprünglich eigen ist, damit es später nicht in die Situation gerät, in der wir heute alle sind. Die dritte wäre: beides zusammen. Muß man nicht auch vermeiden, daß die Rolle der Eltern einen zu großen Einfluß auf die Eigenentwicklung des Kindes hat?

Ich wäre für die dritte Möglichkeit. Eine kleine Geschichte hierzu:

Eine Frau in Italien bat mich, ihr Kind auf die Erstkommunion vorzubereiten. Sie war sehr darum bemüht, daß das Kind den allerbesten Unterricht bekommt. Ich sollte ihm als Vorbereitung zur Kommunion jene befreienden Ideen des Christentums einpflanzen. Ich sagte damals zu ihr: Ich habe nicht dafür auf eigene Kinder verzichtet, um anderer Leute Kinder zu unterrichten. Aber wenn Sie wollen, werde ich Sie unterrichten. Ihrem Kind müssen Sie es dann selbst sagen. Sie antwortete daraufhin, sie selbst glaube ja nicht an Gott. Aber das Kind soll glauben?, fragte ich. Ich werde *Ihnen* Erstkommunions-Unterricht geben, wenn Sie das wollen, aber nicht dem Kind.

Die Eltern sind unentbehrlich. Das Kind weiß das, auch wenn es gewisse Unabhängigkeitsversuche unternimmt. Und das ist nicht nur kulturell bedingt; es ist naturgemäß so. Die Eltern können sich der Verantwortung nicht entziehen. Ich gebe zu, daß die Eltern bis jetzt oft zu gewalttätig, zu autoritär, vor allem zu possessiv gewesen sind. Die Folge davon ist, daß die jüngere Generation sagt, wir haben die Nase voll, und sich befreien will. Es ist gewiß nicht die Aufgabe der Eltern, die Kinder von einem bestimmten Alter an in Gefangenschaft zu halten; andererseits ist die Verbindung zwischen Eltern und Kind nicht nur eine durch Chromosomen bestimmte. Deshalb soll die Kommunikation zwischen Eltern und Kindern geprägt sein durch Resonanz, Ansteckung; traditioneller gesagt: durch das eigene Beispiel. Und hier ist es ganz wichtig zu sehen, daß wir durch unser Sein diesen Einfluß schaffen: Ich kann nicht zu meiner Frau *so* reden und zum Kind *anders*. Diese Verbindung muß man aufrechterhalten. Im übrigen keine Rezepte.

III Philosophie als Lebensstil

Kein Wort sei ohne Klang und Leib –
»sino con la presencia y la figura«

Einleitung

Ich kann über mich selbst nicht schreiben. Erstens und vor allem bin ich dazu nicht fähig. Ich habe nicht einmal eine eigene Sprache. Zweitens bin ich mir zu bewußt, daß, wenn ich es denn versuchte, das Selbst, über das ich schriebe, nicht das Selbst wäre, das ich bin. Denn ich bin ein Subjekt und kein Objekt. Drittens ist Schreiben über Zielsetzungen und Entschlüsse wie Pläneschmieden. Es mag interessant sein für Freunde und für Menschen, zu denen ich eine persönliche Beziehung habe. Aber in diesem persönlichen Rahmen hat es auch seine Grenze.

Und dennoch schreibe ich. Ich schreibe nicht über mich selbst; sondern ich schreibe mich selbst. Alles, was ich schreibe, ist zumindest ein Teil meiner selbst. Alles ist autobiographischer Natur. Ich schreibe nur Begriffe nieder, die ich selbst schon als Worte begriffen habe. Ich selber bin es, worüber ich schreibe. Und ich schreibe als einer, der spricht.

Ich bin besonders achtsam, das *Wort* sprechen zu lassen, der Sprache selbst zu erlauben, ihr Selbst zu entfalten. Das Selbst, das *auch* in der Sprache wohnt (und das verschieden ist vom *Ego*), spricht und offenbart sich *selbst*, indem es sagt, was *es* zu sagen hat. Dabei spricht sich dieses Selbst nicht selber aus, und der Prozeß der Sprachwerdung läuft auch nicht automatisch ab. Sondern das Selbst bedarf meiner als eines notwendigen Mittlers. Ich bin ein aktives Element dieser Enthüllung, und vieles hängt von meiner Transparenz ab, außerdem von meiner Aufmerksamkeit und anderen Faktoren.

Ich entsinne mich eines alten Ideals: Jeder Abschnitt, den ich schreibe, nach Möglichkeit jeder Satz, sollte mein ganzes Leben widerspiegeln und ein Ausdruck meines Wesens sein. Aus einem einzigen Satz müßte man mein ganzes Leben erkennen, so wie man aus einem einzigen Knochen das komplette Skelett eines prähistorischen Tieres rekonstruieren kann. Es geht mir dabei um die symbolische Zusammengehörigkeit alles Lebendigen. Ein einziges Wort, der Logos, spricht das ganze Universum aus. Jedes Wort von mir sollte zugleich ein Symbol meines ganzen Lebens sein. Die Verbindungen dieses Symbols sind nicht mathematischer Natur (bloße rationale Kohärenz), sondern vitaler Art.

Warum ich schreibe? Ich möchte dazu ein Bruchstück aus meinen Aufzeichnungen zitieren, die ich vor Jahren niedergeschrieben habe, lange bevor diese Frage von anderen an mich gestellt wurde: *Warum schreibe ich?* Nicht nur, um mich auszudrücken, nicht nur, um meine Gedanken zu artikulieren, um sie schärfer in den Blick zu bekommen und verständlicher zu machen. Denn all dies liegt auf der Ebene der Mittel, aber Mittel zu welchem Zweck?

Nun, anstatt »das Leben als Späßchen zu durchleben« oder irgendwelchen Menschen »Gutes zu tun«, stehe ich unter einer aufwendigen Disziplin, die auf den Abschluß einiger meiner Schriften gerichtet ist. Zwar ist klar: Ich schreibe im Moment, um einen Text abzuliefern, den zu verfassen ich gebeten worden bin. Aber das ist gewiß nicht meine letzte Motivation.

Ich schreibe nicht einfach, um Informationen zu übermitteln oder Kommunikation herzustellen. Das wäre immer noch ein Mittel und kein Zweck. Andere Menschen würden meine Ideen aufnehmen können. Aber wofür? Was ist letztlich der Zweck davon, eine gute Idee mitzuteilen? Ich habe sie und gebe sie weiter an eine zweite Person. Jetzt sind wir zwei. Das ändert nicht die Welt. Oder schreibe ich, um die Welt zu verändern? Geht es noch immer um Messianismus?

Wenn öffentliche Ideen die Welt veränderten – und ich strebte in meinem Leben danach, sie zu verändern –, hätte ich meine Zeit besser mit den Massenmedien zugebracht, mit der Propaganda, oder vielleicht mein Leben dem Kino oder Fernsehen gewidmet. Direkt gesprochen: Um die Welt zu verändern, das Universum zu erlösen, so würden Buddhisten und Christen sagen, braucht man nicht unbedingt die Meinung der Mehrheit zu verändern.

Ist das eine Illusion? Die Illusion der bloßen Zahlen? Zwei Leute mit guten Ideen sind nicht genug, aber wenn wir zwei Millionen wären? Das ist der Mythos der Demokratie. Mehr als drei Milliarden wollen die globale Abrüstung, doch nichts passiert. Wahrscheinlich will sie die Mehrheit der Weltbevölkerung, und dennoch haben wir sie nicht. Weder kommt es nur auf die Ideen an, noch zählen allein die Zahlen.

Warum nehme ich dann die harte Disziplin des Schreibens auf mich? Sollte ich vielleicht nach dem Warum nicht fragen und einfach meiner Neigung folgen? Das mag richtig sein; ich bin jahrzehntelang so vorgegangen, ohne die Frage nach diesem Warum zu stellen. Aber wenn sie sich einmal erhebt, kann ich, soll ich sie nicht unterdrücken.

Wenn ich nun antworten würde, daß ich schreibe, weil es zu meinem Leben gehört, wäre das wohl wahr, aber nicht genug. Warum lenke ich mein Leben gerade in diese Richtung, anstatt in eine andere?

Ich schreibe nicht, um Leute zu beeinflussen, nicht einmal, um eine Kunst zu pflegen – obwohl das schon viel näher bei der Wahrheit wäre. Schreiben ist für mich Meditation, d.h. Medizin und zugleich Moderation, Ordnung für die Welt[51]. Schreiben ist für mich intellektuelles Leben, und das ist spirituelle Existenz. Und es gipfelt für mich darin, am Leben des Universums teilzuhaben, an der kosmischen und göttlichen Symphonie zu partizipieren, zu der auch die Sterblichen geladen sind. Es geht nicht nur darum zu leben, sondern auch, das Leben zu belassen, die Gabe des Lebens, welche uns gegeben ist, selbst aufrechtzuerhalten und zu vertiefen. Daher ist für mich das Schreiben ein religiöser Akt. Unter »Religion« verstehe ich dabei jene Aktivität, durch die wir Menschen das Universum erlösen, befreien, daran teilhaben, es verschönern, es vervollständigen. Wir tun das, indem wir den Mikrokosmos, der wir selbst sind, erlösen, befreien, vervollständigen – oder vergöttlichen, würden einige sagen.

Das Schreiben erlaubt mir und zwingt mich schier, mich ins Mysterium der Wirklichkeit zu vertiefen. Natürlich ist es Denken, Kontemplation. Aber zugleich ist es die Form, die Gestalt, die Schönheit, der Ausdruck, die Offenbarung, die ich hinzufügen muß. Schreiben ist *nâma-rûpa* und gleichzeitig *âtman*, es ist *morphê* als Essenz und Gestalt zugleich. Schreiben setzt voraus, zu denken, aber auch zu gestalten, Gedanken zu meißeln, sie zu reinigen, sie mit Farben, Gerüchen und Formen zu bekleiden, ja sogar, sie zu bekräftigen und in die Tat umzusetzen. Es ist ein Prozeß der Inkarnation des »Wortes, das Fleisch wird«. (Soweit meine eigenen Aufzeichnungen vor mehr als einem viertel Jahrhundert).

Ich bin gefragt worden, was ich über das »Verhältnis meines persönlichen Lebens zu meiner beruflichen Arbeit« zu sagen habe. Die erste Schwierigkeit besteht darin, daß ich nicht in der Lage bin, irgendeinen Sinn zu sehen in der Trennung zwischen dem, was man üblicherweise »persönliches Leben« nennt, und »beruflicher Arbeit«. Mein persönliches Leben ist von meiner ebenfalls persönlichen Aktivität nicht zu trennen. Nicht ohne Grund unterscheide ich zwischen *work* und *labour*, »Wirken« im Sinne von schöpferischer Tätigkeit und Arbeit im Sinne von Geldverdienen.

Wirken ist die Aktivität meines Seins, die Aktualisierung meiner Fähigkeiten für die Vervollkommnung der Welt und/oder des Menschen – mich selbst nicht ausgeschlossen. Die religiöse Sprache der abrahamitischen Tradition hat dafür das Wort »Berufung«. Wirken in diesem Sinn ist die Verwirklichung dessen, wozu ich berufen bin, die Berufung, die mich zur Erfüllung meiner Existenz führt. Arbeit besteht dagegen darin, meine Fähigkeiten jemandem oder einer Sache im Austausch für einen vereinbarten monetären Ersatz zur Verfügung zu stellen. In vielen Fällen versucht man allerdings, das letztere mit dem ersteren in Übereinstimmung zu bringen.

Diese Unterscheidung ist keine Spitzfindigkeit. Die Etymologie von Arbeit, *trabajo, travail* usw. und auch *labour* weist immer auf Mühsal, Qual und Schmerz hin. Meine Verwirklichung ist etwas anderes als die Anspannung meiner Fähigkeiten für entfremdete Zwecke.

Ich bin auch nicht in der Lage, auf die anderwärts so übliche und legitime Frage bezüglich meiner »Arbeits-, Denk- und Problemlösungsmodelle« zu antworten. Ich bin mir der Notwendigkeit nicht bewußt, Modelle für mein Denken zu gebrauchen. Auf philosophischer Ebene kritisiere ich die übliche Sichtweise platonischen Ursprungs, die davon ausgeht, daß das Denken anhand von Paradigmen, Mustern, abläuft. Diese Art der mentalen Aktivität ist bestenfalls ein Kalkulieren, Schlüsse-Ziehen, Ableitungen-Herstellen aus einer Reihe von Axiomen, die postuliert oder angeblich entdeckt worden sind. Ich bin überzeugt, daß Denken anhand von Modellen einfach wie Reisen mit dem Zug oder Auto ist. Man braucht Geleise oder Straßen dafür, und diese bedingen – um nicht zu sagen: erzwingen –, wohin man zu gehen hat. Man kann so in der Tat sehr viel schneller vorankommen; nur daß man einen ausgetretenen Pfad braucht, der vorschreibt, wohin man gehen muß.

Diese Vorstellung, daß man anhand von Modellen denkt, zieht den Glauben an Platons Welt der Ideen nach sich, auch wenn diese dann oft Naturgesetze oder Denkweisen genannt werden. Doch, wie uns der *Dhammapada* sagt: »Im Himmel gibt es keine Straßen.« »*Caminante, no hay camino; se hace camino al andar*«, schrieb Antonio Machado (»Wanderer, es gibt keinen Weg; du machst den Weg, indem du ihn gehst«). Denken ist nicht, was man heute Forschung nennt. Das echte Denken erst macht die Wege.

Ich erlebe das Leben oder die Wirklichkeit nicht als ein Rätsel, das eine Problemlösungs-Strategie erfordert. Ich gehöre einer anderen Kosmologie an. Die Wirklichkeit erscheint mir nicht als ein *Objekt* (lat. *objectum*, »das Entgegengeworfene«) und daher auch nicht als ein *Problem* (griech.: *pro-ballô*, das bedeutet ebenfalls vor- oder entgegenwerfen). Ich meine hier mit Kosmologie nicht eine Doktrin über den Kosmos, sondern das Erlebnis, wie der Kosmos zu mir spricht *(kosmos legein)*.

Es ist auch schwierig für mich, über meine »Sicht des Einflusses meiner Arbeit auf andere« authentisch Auskunft zu geben. Ich sage authentisch, weil ich mit Leichtigkeit eine überzeugende Antwort aushecken könnte. Diese wäre auch nicht gänzlich falsch; es wäre das Ergebnis meiner vermutlich orientalischen Veranlagung, die instinktiv nur solche Antworten gibt, die die Erwartungen des Fragestellers befriedigen, das heißt, subjektivistisch vorgeht und nicht gemäß den Gesetzen der Objektivität. In dieser Hinsicht könnte ich sagen, daß viele meiner Ideen in den Hauptstrom der gegenwärtigen Vorstellung von der Wirklichkeit eingeflossen sind, daß viele Begriffe, die ich vor Jahrzehnten eingeführt habe, jetzt als personunabhängige Wahrheiten und selbst-evidente Begriffe erscheinen. Ich könnte das Feld der Begegnung der Religionen als einen Fall dieser Art erwähnen.

Um der Klarheit willen sei es mir erlaubt, einen Vergleich zu ziehen, für den ich selbst die Verantwortung übernehme, ohne irgend jemand anderen hineinziehen zu wollen.

Ich kenne viele prominente Theologen, die mit einem erbaulichen Eifer versehen sind, ihre Kirche zu reformieren, speziell die römisch-katholische Kirche. Sie haben ein genuin seelsorgerliches Interesse an sich. Dem stimme ich völlig zu. Ich bin auf ihrer Seite im gleichen Kampf um Gerechtigkeit, Freiheit, Mut und Transparenz; kurz, um die Läuterung unserer alten Kirche gemäß dem Muster dessen, was die Kirche theologisch ist oder zu sein beansprucht. Ich bewundere jene Freunde und versuche, mit vielen von ihnen in dieser Aufgabe zusammenzuwirken. Aber wenn ich auf einer tieferen Ebene nach meiner persönlichen Sorge gefragt wäre, würde ich antworten, daß mein Ziel zuerst und vor allem nicht die Reform der Kirche ist, sondern die Transformation meiner selbst, meines Selbst – wobei ich mir bewußt bin, daß das eine zum anderen führt und daß sie beide nicht voneinander getrennt werden können. Es geht sicher dabei nicht um eine selbstische Sorge um mein *Ego*, nicht um eine individualistische Reaktion auf eine subjektivistische Natur, nicht um die Geisteshaltung einer supranaturalistischen Spiritualität. Das will ich betonen. Es ist nicht eine Frage von Innerlichkeit versus Äußerlichkeit, *actio* versus *contemplatio*, der Priorität einer bestimmten Sorte von Mitteln gegenüber einer anderen Art des Vorgehens. Die meisten von uns sind, so vermute ich, über solche Spaltungen hinaus. Der Unterschied liegt in dem, was ich als *Kosmologie* bezeichnet habe, das heißt in dem Mythos vom Kosmos, von der Wirklichkeit, wie sie uns erscheint, wie sie uns anspricht. Der Unterschied ist, genau gesagt, nicht ein Unterschied der Meinungen, sondern der Denkformen. Das jeweilige Universum ist verschieden. Ich bin mir voll bewußt, daß ich mit solchen Aussagen im Westen nur eine winzige Minderheit repräsentiere – und Westen bedeutet hier eine kulturelle und nicht geographische Kategorie.

Vermutlich läßt sich dies prinzipiell nicht klar genug ausdrücken, weil man sich ein anderes Universum als das eigene nicht vorstellen kann. Soll ich einfach sagen, daß ich nicht glaube an den Mythos der Geschichte – als das Feld der Wirklichkeit? Oder, daß der Tod nicht *vor* mir steht? Aber indem ich die Ansatzpunkte des Westens wähle, um mich auszudrücken, verrate ich schon die Unmöglichkeit einer solchen Unternehmung.

Zur Person

Dennoch will ich der ersten Frage nicht ausweichen, die die »kritischen Ereignisse« in meinem Leben betrifft. Zunächst will ich sagen, daß ich mir nicht irgendeines Traumas bewußt bin, sei es positiv oder negativ. Ich kann mich an keine Bekehrungserfahrung oder irgendeinen abrupten Wendepunkt in meinem Leben erinnern. Während meines ganzen Lebens habe ich kaum geträumt bzw. Träume im Gedächtnis behalten, und ich kann auch nichts Herausragendes über meine Kindheit berichten.

Vielleicht hat mich deshalb nichts außergewöhnlich beeindruckt, weil ich extrem aufmerksam, sogar empfindlich war gegenüber allen Ereignissen in meinem Leben. Alles hat mich beeindruckt, vielleicht gleichförmig, aber tief. Ich war nie daran interessiert, mein Leben psychoanalytisch zu erforschen. Wenn ein Ereignis einmal verarbeitet ist, wird es zum Teil und Posten meines Lebens und damit ununterscheidbar vom Rest.

Allerdings kann ich einige Erlebnisse hervorheben, die vielleicht Anhaltspunkte für die Entwicklung meiner Ideen bieten. Ich führe sie an ohne ernsthaftes Abwägen, ob sie wichtig oder unwichtig für mich gewesen sind. Ich muß bekennen, daß ich mich noch immer ängstlich und unbequem dabei fühle, irgendein persönliches Ereignis nachzuerzählen, und es mag sein, daß ich das »objektive« Bild verzerre. Es ist für mich wie die Scheu eines Menschen, der Folterungen ausgesetzt war und nun nicht in der Lage ist, seine Gefühle und die Details seines Leidens zu beschreiben.

Obwohl ich nie einen Krieg mitgemacht, noch militärischen oder paramilitärischen Dienst abgeleistet habe, ist mein Leben von Kriegen gezeichnet. Meine Geburt fällt zusammen mit dem Ende des Ersten Weltkriegs. Später, im Jahr 1936, unterbrach der spanische Bürgerkrieg mein Leben, nicht nur äußerlich, sondern auch innerlich. Viele meiner Schulkameraden waren an der einen Front oder an der anderen, manche von ihnen kamen dabei ums Leben. Drei Jahre Nazi-Deutschland bis kaum zwei Monate vor dem Kriegsausbruch im September 1939 gaben mir einen Eindruck von der Unmenschlichkeit eines jeden militärischen Regimes. Als ich wieder sicher in Spanien war, litt ich unter dem Wissen, daß Kommilitonen über viele Fronten zerstreut waren und vertraute Städte bombardiert wurden. Die spanische Diktatur war eine weitere Erfahrung.

Meine mehr als zehnjährige Existenz am Ufer des Ganges, während der ich die menschlichen Bedingungen in ihrer nacktesten Gestalt miterlebte, haben mein Leben natürlich auch tief beeinflußt. Ich erkannte, daß die Menschheit nicht von einer einzigen Art ist, daß der West-Zentrismus nur eine einzelne und in gewisser Weise Minderheiten-Perspektive ist. Ich erlebte, wie erfüllt ein menschliches Leben sein kann, vorausgesetzt, es ist ein Glaube da, und mit wie wenig äußerem Komfort das Leben in seiner Fülle gelebt werden kann. Über mehr als ein viertel Jahrhundert bestätigte mir mein Aufenthalt in der indischen Welt, was mir seit meiner Geburt ein verschwommenes Gefühl gewesen war: Die Selbst-Identität des Menschen ist transkulturell und kann daher nicht irgendeinen einzelnen Bezugspunkt haben.

Eine akademische Tätigkeit in den USA lehrte mich wiederum, wie verschieden die »Neue Welt« vom Alten Europa ist und wie inkommensurabel der Osten ist, wenn er mit den Maßstäben des Westens gemessen wird – und umgekehrt. Über ein weiteres viertel Jahrhundert bin ich zwischen einer der reichsten Städte des reichsten Staates der mächtigsten Nation und seinem Gegenstück (zwölf Flugstunden entfernt), einer der chaotischsten Städte in einem der »unterentwickeltsten« Staaten in einem der ärmsten Länder der Welt (wenn man eine winzige Minderheit übersieht), hin und her »gependelt« – zwischen Santa Barbara in Kalifornien, USA, und Varanasi in Uttar Pradesh, Indien. In einem ganz wörtlichen Sinne war mein inneres Leben das einzig Gemeinsame meiner beiden Lebenssphären.

Ohne diese oder vergleichbare Erfahrungen ist es kaum möglich, jene Mode der modernen Kultur zu überwinden, die viele zu der Meinung verleitet, daß die Entwicklung des Menschen einer einzigen Linie gefolgt sei und in den universalen Errungenschaften des *homo technocraticus* gipfele.

Auf meine Weise habe ich mich nicht zwischen, sondern in der Mitte von Ost und West gefunden, und zwar jeweils in deren hinduistisch/buddhistischer und christlich/säkularer Version, die Teil meines persönlichen Universums geworden sind. Was Anekdoten aus meinem Leben und sogenannte religiöse Erfahrungen angeht, darüber will ich lieber schweigen.

Zur Frage über meine »Hörerschaft« kann ich ebenfalls eine Standard-Antwort geben und ausführen, wer meine Leser sind, weil ich nämlich weiß, daß mein verdichteter Schreibstil nur einer begrenzten Anzahl von Intellektuellen und anspruchsvollen Interessenten zugänglich ist. Aber meine ernsthafteste Antwort wird sagen, daß die »Hörerschaft«, die ich im Sinn habe, der *dharmakâya* ist, der Leib Christi, die karmische Struktur der Welt, der Du-Charakter der Wirklichkeit, um verschiedene Ausdrücke zu gebrauchen. Vor über dreißig Jahren haben Svami Abhishiktânanda (Henri Le Saux) und ich in Indien Gespräche solcher Art gehabt: Wenn es uns gelingt, *als Christen* – und das soll heißen, ohne jede innere Apostasie und ohne irgendeinen oberflächlichen Synkretismus – durch die *advaitische* Erfahrung hindurchzugehen, wie sie in den besten Hindu-Traditionen gelebt wird, dann wird sich dadurch *für Christen*, mindestens für solche indischer Herkunft, von selbst die Möglichkeit eröffnen, einen *advaitisch-christlichen Glauben* zu leben, der ein volles hinduistisches und zugleich christliches Leben erlaubt – ohne die leidvolle und schmerzliche Erfahrung, eine gespaltene Persönlichkeit zu sein. Mehr noch, Hinduismus und Christentum würden sich dann wirklich begegnen. Nicht nötig, Bücher darüber zu schreiben, die Anerkennung der Bischöfe zu suchen oder große Kolloquien zu veranstalten. Die genuine Erfahrung würde genügen. Wir hatten damals keine »Hörerschaft« im Sinn, wir dachten nicht an irgendwelche bestimmten Leute. Ich entsinne mich jetzt an jene Stelle der Bibel, die auch Augustinus bewegt hat: »Eine Anzahl von Weisen ist das Heil *(sôtêria) der Welt*« (Weish VI,26 bzw. 24)[52]. Es gibt einen inneren Fluß der Wirklichkeit, der seine Epiphanien hier und dort geschehen läßt, wenn der Boden bereit ist. Andererseits habe ich auch nichts gegen Bücher, Bischöfe und Kolloquien.

Der akademische Betrieb, die Kirche, der Staat und noch mehr die sozio-ökonomischen, industriellen Komplexe haben subtile Wege, die Regeln ihres Spiels durchzusetzen, die Grenzen abzustecken, in denen Diskussionen, Dialog, Gesetzlichkeit, Anstandsregeln ablaufen können. Dieser Ort ist Teil dessen, was ich den vorherrschenden Mythos oder die angenommene Kosmologie nenne.

Ich bin weder ein Dissident, noch ein Häretiker, Anarchist oder Aussteiger. Aber ich verteidige die Möglichkeit, das faire Spiel realistisch zu spielen, ohne die von außen vorgegebenen Regeln akzeptieren zu müssen. Mit anderen Worten, es geht mir darum, den Mythos, den Rahmen, die Kosmologie in Frage zu stellen, ohne »Terrorist« sein zu müssen. Jede Gesellschaft, jedes Individuum und jede Kultur haben eigene, ihnen zugemessene Grenzen des Tolerierbaren. Und ich glaube, daß mein größter Dienst an unserer gegenwärtigen Zeit, die nach meiner Sicht der Dinge in eine monokulturelle, technokratische Zivilisation verstrickt ist, darin bestehen kann, mich für Pluralismus einzusetzen. Pluralismus ist nicht synonym mit Toleranz gegenüber einer Vielfalt von Ansichten. Das versteht sich von selbst. Pluralismus gipfelt in der Anerkennung des Undenkbaren, des für mich Absurden und bis zu einer gewissen Grenze Unerträglichen. Diese variablen Grenzen sind die Grenzen des Pluralismus. Alles dreht sich um das Gewahrsein unserer Kontingenz. Der Pluralismus entthront den Monismus mitsamt dem Monotheismus. Die Wirklichkeit braucht in sich selbst nicht transparent und intelligibel zu sein.

Wer sind meine Hörer? Ich habe lange gebraucht, bis ich verstanden habe, daß die »Öffentlichkeit«, für die ich schreibe, dieselbe ist wie die, für die ich lebe: die Menschheit im ganzen. Diese Öffentlichkeit ist keine Abstraktion. Sie ist das *corpus mysticum*, der *dharmakâya*, das gesamte karmische Netz und seine Grundlage, die gesamte Realität. Habe ich nicht die Person als einen Knoten im Netz der Beziehungen definiert? Das Netz reicht bis an die äußersten Grenzen der Welt, wie es der Rig Veda ausdrückt (I,164,34), und es hängt von der Dichte (Weisheit) des Knotens ab, ob er sich an der gesunden Spannung des Netzes beteiligen kann. Ich habe lange gebraucht, um mir bewußt zu werden, daß die meisten Menschen eine festgefügte Umgebung haben, sei es in Gestalt der existentiellen Mühen des täglichen Lebens oder als Welt der Ideale, in der sie leben: Familie, Partei, Vereinigung, wissenschaftliche oder berufliche Zunft oder Schulrichtung, Stamm, Nation oder Kirche. Sie leben und schreiben für eine spezielle Hörerschaft. Darin ist eine enorme Effektivität begründet: Sie haben ein spezielles Volk und konkrete Probleme vor Augen, ihre Sprache ist scharf geschliffen, sie haben immer ein Gegenüber. Sie leben in ihrer speziellen Welt, sie haben eine Umwelt, mit der sie umgehen können. Wenn ich voreingenommen wäre, würde ich die Gefahr hervorheben, daß sie bloß den Markt füttern – den Markt der heutigen Massenmedien.

Ich habe dagegen keinen Wahlkreis, keine Klientel. Das sehe ich zunächst einmal als ein Hindernis an. Denn aus diesem Grund bin ich dazu gekommen, in sechs oder sieben verschiedenen Sprachen zu schreiben. Trotz grammatischer Unvollkommenheiten und Irrtümer, technologischer Fehler sozusagen, habe ich immer gespürt, daß jede Sprache eine Welt für sich ist. Vielleicht hat sie mit einer anderen Welt manche Entsprechung, aber sie läßt sich nie mit ihr zur Deckung bringen. Jedes Wort hat ein Zuhause. Daran liegt es, daß mein schriftliches Werk so verschieden ist vom gesprochenen Wort. Wenn ich spreche, identifiziere ich mich – oder versuche es zumindest – mit dem Publikum, das ich gerade vor mir habe, und ich gebrauche die Sprache, die mir für die jeweilige Gelegenheit angemessen erscheint, oder besser, angeboten wird. Ich kann ganz spontan eine katholische Liturgie halten, einen hinduistischen *upadesha*, ein profanes Gespräch, eine wissenschaftliche Vorlesung, eine philosophische Meditation, und so weiter.

Doch wenn ich schreibe, empfinde ich eine Art Gemeinschaft mit der gesamten Menschheit, besonders mit der Kultur der Gegenwart und den Überlieferungen des mir persönlich vertrauten Stromes der Vergangenheit. Ich versuche, eine Sprache zu sprechen und Erfahrungen auszudrücken, mit denen ich mich in Gemeinschaft mit dem Rest der Menschheit befinde. Und dennoch bin ich mir voll bewußt, daß meine Sprache nicht universal ist und es auch nicht sein kann. Sie ist gefärbt von der Zeit, dem Ort, der Kultur und von meinen eigenen Begrenzungen. Ich schreibe meine Texte sechsmal und noch öfter um. Meine Zuneigung zum *etymos*, zur Herkunft der Wörter, gründet genau in diesem Wunsch, eine ursprüngliche menschliche Erfahrung zum Ausdruck zu bringen, obwohl diese natürlich mit den Farben meiner besonderen Situation eingefärbt erscheint.

Das ist vermutlich auch der Grund dafür, daß ich meine Schriften instinktiv viele Jahre »liegen« lasse, bevor ich mich entschließe, sie zu veröffentlichen. Dies geschah oft nicht willentlich, es war bedingt durch die Umstände und meinen Drang, zu vervollständigen, zu ergänzen, die andere Seite der Sache zu sehen, meine Perspektive zu erweitern und ähnliches. Es ist etwas, an dem ich bewußt nur wenig ändern kann. Im nachhinein kann ich meine Position natürlich verteidigen und ihr einen besonderen Wert beimessen …

Bombardiert, wie wir es sind, von journalistischen Texten (Journale, d.h. »Tages«-Presse), gibt es, wie ich denke, dennoch Raum genug für Überlegungen, die nicht auf den neuesten Nachrichten und ihren unmittelbaren Reaktionen aufbauen. Es mag einiger Sinn darin liegen, daß ich seit sechs Jahren keine Zeitungen lese, nicht Radio höre und auch nicht fernsehe. Das ermöglicht es mir, auf die Stimmen der Stimmlosen zu hören, auf den Pulsschlag der Wirklichkeit selber.

Natürlich besteht meine Hörerschaft äußerlich aus denen, die mir *zuhören.* Doch habe ich den Eindruck, daß auch meine Zeitgenossen etwas in sich haben, das den raschen Fluß der vorüberziehenden Empfindungen und Wahrnehmungen transzendiert. Ich schreibe nicht für die Zukunft und noch weniger für die Ewigkeit. Ich schreibe ganz gewiß für meine Zeitgenossen, wenn auch nicht exklusiv für die eines einzigen Kontinents oder einer einzigen Tradition – sofern das Thema es nicht verlangt. Aber ich glaube, daß wir alle eine Zeitgenossenschaft mit der gesamten Menschheit, mit dem Kosmos im ganzen besitzen und daß wir in einer Art kosmischer Synchronizität das Ganze der Wirklichkeit repräsentieren: Ich glaube, daß es einen sehr kontingenten und unvollkommenen, partiellen und begrenzten Ausdruck für dies Etwas gibt, das sich, obwohl es nicht ohne all jene Manifestationen existiert, gleichwohl in ihnen auch nicht erschöpft. Jedes meiner Worte schließt ein, weist hin auf, legt nahe, symbolisiert jenen mysterischen Abgrund, jene Gottheit, jene Leere *(shûnyatâ)*, die in uns und allem Seienden gegenwärtig ist – wie unbeholfen und beschränkt meine Worte auch sein mögen. Gerade das könnte der Grund sein für meinen Widerwillen beim Schreiben über spezifisch »spirituelle« Themen, wodurch man diese zu einer neuen Spezialität macht. Der »unsterbliche« Kern, das »Fünklein«, der Atman ist nicht eine Spezialität, die an einem bestimmten Ort lokalisierbar wäre.

Es gibt eine akademische Weise, dies zu formulieren, doch würde sie mich nicht ganz zufriedenstellen. In gelehrter Ausdrucksweise könnte man behaupten, daß meine Welt das Universum der großen Meister sei, daß meine »Gesprächspartner« zum Beispiel ein Heraklit, Platon, Aristoteles, Thomas, Hegel, Heidegger, die Autoren der Upanishaden, oder Shankara, Abhinavagupta, Lao-tzu, Shinran und andere Leute von solchem Format seien. Das wäre nicht ganz richtig, denn ich bekenne schamvoll, daß ich nicht genügend von jenen großen Geistern gelesen und studiert habe. Ich habe – leider? – keinen einzigen Meister gehabt. Ich berühre dieselben Themen, mit denen sie sich beschäftigt haben. Das glaube ich jedenfalls. Aber ich bin ihnen nicht nachgefolgt, ich gehörte nicht zur Schule eines von ihnen, obwohl ich gewiß viele Einflüsse in mir finden kann. Aber es ist eher so, daß ich von denselben Problemen bewegt werde und mich in tiefer Gemeinschaft mit den meisten von ihnen fühle. Sozusagen haben mich die Probleme selbst so sehr in Anspruch genommen, daß ich jede konkrete Führung von außen vergessen habe. Auf dieser Ebene würde ich sagen, daß ich ein »Autodidakt« bin – obwohl ich mein ganzes Leben damit zugebracht habe, von allen Winkeln der Erde zu lernen, und dabei viele Lehrer gehabt habe.

Ich möchte präzisieren, daß dies nicht bedeuten soll, mein Publikum sei das Reich der Ideen oder das zeitlose Universum abstrakter ontologischer Spekulationen. Krieg und Frieden, Wirtschaft, Ökosophie, Religion, Gewaltlosigkeit, Technologie, die Menschheit, ja selbst die Gottheit und die Natur sind für mich nicht entfleischlichte Konzeptionen rein »theoretischer« Art.

Die Weisheit der Liebe

Ich will nun versuchen, dasselbe in akademischere Worte und in die philosophische Standestracht zu kleiden, indem ich einige Seiten überarbeite, die ich vor mehr als zwei Jahrzehnten geschrieben habe[53].

(1) Philosophie ist für mich ebensosehr die Weisheit der Liebe wie die Liebe zur Weisheit. Und wahrhafte Liebe ist nicht nur spontan, sondern auch ekstatisch, d.h. nicht-reflexiv: Sie wendet sich nicht in kritischer Analyse zurück auf sich selbst. Sie kennt kein Warum. Sobald ich einen Grund für meine Liebe angeben kann, ist es kein authentisches Lieben mehr, geht es nicht um ein Letztgültiges. Man ist ein Philosoph, so wie man ein Liebender ist. Es geht um etwas, das einem widerfährt. Philosophie ist eine primäre Geisteshaltung, nicht eine sekundäre: »Wer von Gott verdammt ist, ein Philosoph zu sein!« Philosophie kann man nicht manipulieren, weder mit Hilfe des Willens noch der Vernunft. Wille und Intellekt sind die Mittel und Werkzeuge, aber nicht die Meister. Doch ist die Philosophie eine sehr eigenartige Liebe. Sie ist Weisheit, die Weisheit der Liebe, die Weisheit, welche in der Liebe enthalten ist. Sie ist nicht bloßer *eros* oder *agapê* oder *bhakti* oder *prema*. Sie ist jene *sophia (jñâna)*, die in der ursprünglichen Liebe enthalten ist. Sie ist die Transparenz und Selbst-Erleuchtung, *svayamprakâsha*, des anfänglichen und alles hervorbringenden *kâma*, des Impulses, des Dranges, des Aktes, des *karman* der Wirklichkeit. Und Weisheit entsteht, wenn sich die Liebe zum Wissen und das Wissen um die Liebe vereinigen.

Ursprüngliche Philosophie wird sich dann in einer Lebensweise kristallisieren; besser gesagt, sie ist der Ausdruck des Lebens selbst, wie es hineingesprochen wird in die Wirklichkeit oder eher niedergeschrieben mit dem *stylus* (Federhalter), dem Stil des eigenen Lebens. Für mich ist eine Philosophie, die sich nur mit Strukturen, Theorien, Ideen befaßt und das Leben scheut, die Praxis umgeht und die Empfindungen unterdrückt, nicht nur einseitig, weil sie andere Aspekte der Wirklichkeit unberührt läßt, sondern gerade deshalb eine schlechte Philosophie. Die Wirklichkeit als solche kann nicht mit einem einzigen Organ oder anhand nur einer ihrer Dimensionen erfaßt, verstanden, *verwirklicht* werden. Dies würde die Philosophie bloß zu einer neuen Wissenschaft machen – vielleicht einer allgemeineren Wissenschaft, einer neuen Art von Algebra –, aber es würde die Philosophie als *Weisheit* zerstören und ihren

Ausdruck in Gestalt einer menschlichen Lebensweise verhindern. Darum wird in allen Traditionen das reine Herz, die asketische Geisteshaltung, das authentische Leben als Grundlage wahrhaften Philosophierens gefordert. Die philosophische Tätigkeit fordert das Ganze. Ein moralisch schlechter Mensch kann ein guter Mathematiker sein, aber kein Philosoph – zumindest nicht im existentiellen Sinne. Oder wie es ein Zen-Meister sagen könnte: Nur wenn du du selbst bist – dein reines Du –, wirst du die Dinge erkennen, wie sie sind. Diese Weisheits- oder Erfahrungsbezogenheit der Philosophie schließt ein und transzendiert zugleich, was in der westlichen Tradition seit Kant der kritische Aspekt der Philosophie genannt wird. Jede Kritik muß irgendwo an einer letzten Erfahrung zu Ende kommen; und gerade hier, am Sitz der Weisheit, wird die Philosophie geboren. In früheren Jahren habe ich das *Sophodizee* genannt.

Der Einfluß der Naturwissenschaften auf die Philosophie und auf die philosophische Methode ist so bestimmend gewesen, daß heute nicht nur die akademische Philosophie selbst, sondern auch die kirchliche Theologie eine Fachwissenschaft über Spezialgebiete geworden ist und dadurch die Weisheit entweder verlorenging oder zu einer unkritischen, naiven, wenn nicht gar primitiven Zufriedenheit mit der Welt herabgewürdigt wurde. Hier zeigt sich wieder die tödliche Spaltung zwischen Vernunft und Glauben, Wissenschaft und Religion, »Philosophie« und »Theologie«. Man begnügt sich mit der Rechtfertigung, das moralische Gesetz gelte für alle, als ob sich die Moral selbst rechtfertigen könnte, unabhängig von jeder Weltanschauung und immun gegen kritische Untersuchung wäre.

Die traditionelle Bezeichnung für eine in dieser Weise hellseherische, kritische, intellektuelle, zugleich aber spontane, freie und existentielle Haltung ist Weisheit und auch Philosophie. Wenn wir diese Harmonie nicht wiederherstellen, geht unsere Zivilisation zugrunde. Mein philosophisches Anliegen besteht gerade darin, der zerstörerischen Schizophrenie unserer vorherrschenden technokratischen Kultur eine überzeugende Alternative anzubieten.

Diese *manuductio artium scientiarumque ad sapientiam* (Heranführung der Künste und Wissenschaften an die Weisheit) kann ich hier nicht vollziehen. Statt dessen möchte ich nun den allgemeineren Gedankengang weiterführen.

(2) Kann ich also meine Philosophie darlegen, ohne sie dadurch schon zu verfälschen? In dem Augenblick, da meine Lebensweise nicht spontan ist, da mein Stylus sich nicht frei bewegt – weil er nicht rein oder von auswärtigen Faktoren bestimmt ist –, hört meine Philosophie auf, authentisch zu sein. Kann ich mir denn selbst ein Zeuge sein? Kann ich selbstkritisch sein? Kann das Selbst der Handelnde und Wissende bleiben, wenn es zum Gehandhabten und Gewußten wird? Würde ich nicht die Quelle verstopfen, wenn ich zu ihr zurückkehrte? »Wie kannst du, Lieber, den Erkenner erkennen?« – fragt eine *Upanishad* (BU II,4,14). Ich könnte in der Tat dazu fähig sein, meinen Lebensweg zurückzugehen, aber ich kann die Fußstapfen nur sehen, wenn ich nicht mehr darin bin. Ich zweifle daher an der Durchführbarkeit einer persönlichen Stellungnahme über mich selbst. *Kein Wort sei, wenn es nicht Fleisch wird*[54]!

Was ich vielleicht tun kann: die Last in Erinnerung rufen, die ich während meiner Pilgerschaft nach oben mitgenommen habe, und sehen, ob ich sie leichter machen kann, indem ich unnötigen Ballast abwerfe.

(3) Von joher verspüre ich einen großen Drang, die Wirklichkeit in ihrer ganzen Fülle zu erkennen, oder besser, sie selbst zu werden – zu leben. Daher habe ich mich mein Leben lang mit letztgültigen Fragestellungen befaßt – nicht in einer rein theoretischen Weise, sondern durch die ganzheitliche Teilhabe meiner Person. Nachdem ich die Spekulationen über das Absolute in der Breite der Menschheitsgeschichte studiert hatte, war ich so sehr von diesem Drang getragen, das Wirkliche jenseits seiner Erscheinungen zu suchen, daß ich in mir die Versuchung spürte, die Wirklichkeit diesseits meiner Unternehmungen zurückzulassen. Ich war versucht, ein spezialisierter Akademiker oder ein akosmischer Mönch zu werden; ich spür-

te die ansprechende und anziehende Macht beider Wege, der rein intellektuellen Abstraktion und des kompromißlosen Asketentums. Wenn ich nun sowohl den akademischen wie den religiösen Weg eingeschlagen habe, dann deshalb, weil ein Professor in meinen Augen nicht ein Geschäftemacher ist, sondern ein »Bekenner«, der eine »Profession«, ein Bekenntnis ablegt, und zwar mit seinem ganzen Leben. Und ein Mönch sollte nicht ein isolierter Einzelgänger sein, ein *monachos*, sondern einer, der darum ringt, eins zu werden, *monos*. Gerade hier spürte ich die Berufung zur Synthese, das heißt, zu einer alles umfassenden, ganzheitlichen Grundhaltung. Das christliche Dogma der Auferstehung des Fleisches wurde für mich zum lebendigen Symbol: Nichts von allem, was ist, darf verlorengehen; das Wirkliche kann nicht aus dem Körperlichen herausgetrennt werden – es ist tatsächlich nicht ohne die Materie, auch wenn es nicht nur Materie ist.

(4) Mein akademisches Studium begann bei der Materie: Sieben Jahre lang waren Physik und Chemie meine ernsthafteste intellektuelle Beschäftigung. Nebenbei fing ich an, Philosophie zu studieren; aber nicht, weil ich durch mein naturwissenschaftliches Studium enttäuscht worden wäre. Es gab da durchaus eine Kontinuität der Interessen: Mein philosophisches *Pathos* hatte schon von Anfang an bestanden. Doch war Geduld dazu erforderlich, die es mir ermöglichen würde, diesen Interessen tief und systematisch nachzugehen. All das führte zu langjährigen, streng philosophischen Studien und intellektuellen Aktivitäten. Die lineare Struktur der geschriebenen Sprache erzwingt, daß ich erst an dritter Stelle über meine theologischen Studien schreibe; aber wiederum war dieser Drang seit den Anfängen meines bewußten Lebens präsent gewesen. Es gab da weder einen Bruch noch einen plötzlichen Wendepunkt. Und dennoch war selbst das Wort Theologie bald zu eng, um mein Interesse und mein Involviertsein, meine völlige Versunkenheit in das Leben, in eine vollgültige Kommunion mit der Wirklichkeit zu beschreiben. Dies ist in meinen Augen der religiöse Antrieb, weshalb ich Religionen als die verschiede-

nen Wege verstehe, von denen Leute *glauben*, daß sie sie zur Erfüllung, zum Glück oder zur Befreiung führen werden. Ich verstehe unter Religion nicht so sehr, was uns zurückbindet *(religat)* an das, was uns unbedingt angeht, sondern jenes, welches uns die Freiheit und Freude einer unbedingten, letzten Sorglosigkeit[55] schenkt: das, was uns entbindet.

Der wahrhaft religiöse Mensch ist nicht jener, der sagt: »Herr, Herr«, sondern, wer die Trennung zwischen Mensch und Welt *existentiell* überwindet. Nur so erfährt man die Transzendenz: »Herr, wann haben wir Dich nackt, hungrig, im Gefängnis gesehen?« (Mt XXV,37–40). Gottes Unaussprechlichkeit kann nur gewahrt bleiben, indem man nicht darüber spricht. Der Gedanke der Transzendenz zerstört entweder das Denken, oder er eliminiert die Transzendenz. Es dürfte klar sein, daß ich an diesem Punkt nicht mit einem rein theoretischen Gestus zufrieden sein konnte, sondern mich der Lebensweise eines Schülers jener Weisheit zu verpflichten hatte, die Menschen, Götter und das Universum bewegt. »Hier stehe ich, ich kann nicht anders!«

Indem ich nun mein Bekenntnis beiseite lasse, will ich etwas zu meinem Beruf sagen: zu dem, was ich als meine Überzeugungen bekenne; d. h. zu dem, von welchem ich mich habe besiegen lassen: überzeugen und besiegen *(convictus)* in meinem Kampf mit der Wirklichkeit – obwohl sie nicht immer, wie in der Bibel, die Gestalt eines Engels angenommen hat.

Mein philosophisches Leben will ich unter drei Überschriften stellen: *Existentielles Wagnis, intellektuelle Last* und *geistige Freiheit.*

Das existentielle Wagnis

(5) Das *existentielle Wagnis* ist das Wagnis eines Lebens, das in mehr als einer Kultur und Religion beheimatet ist, das Wagnis einer Existenz, die in der Orthopraxie ebenso engagiert ist wie in der Orthodoxie. Meine persönlichen Umstände (biologischer, historischer und biographischer Art) leiteten mich,

das Wagnis der Bekehrung ohne Entfremdung, der Aneignung ohne Zurückweisung, der Synthese ohne Synkretismus, der Symbiose ohne Eklektizismus *anzunehmen*. Die indische Lehre vom eigenen *karma (svadharma)* wurde mir hierbei zu einem neuen, lebendigen Symbol. Es ist keineswegs der Fall, daß ich mich willentlich zugleich als Inder und Europäer ansehe, als Hindu und Christ, oder daß ich mich selbst künstlich zu einem religiösen und zugleich säkularen Menschen erkläre. Vielmehr *bin* ich durch meine Geburt, meine Erziehung, meine Initiationen und mein praktisches Leben ein Mensch geworden, der von ursprünglichen Erfahrungen der westlichen und zugleich der indischen Tradition lebt und an ihnen Anteil hat, im einen Fall sowohl im christlichen wie im säkularen Bereich, im anderen sowohl im hinduistischen wie im buddhistischen. (Es hat drei Viertel meines Lebens gedauert, bis es mir möglich wurde, dies mit Überzeugung auszusprechen.) Ich bin mir des damit verbundenen Risikos bewußt; aber die Herausforderung bleibt. Verständnis und Befruchtung unterschiedlicher Traditionen der Welt können nur möglich werden, wenn man sein Leben zu opfern bereit ist in dem Versuch, die bestehenden Spannungen zu ertragen, ohne schizophren zu werden, und dann die Polaritäten zu erhalten, ohne einer persönlichen oder kulturellen Paranoia zu verfallen. Nur diese gelassene Haltung des Annehmens ist dann – das ist das zweite Moment – in der Lage, die erforderlichen Wandlungen herbeizuführen. Der *inter*kulturelle Dialog ist nicht eine rein politische Notwendigkeit oder nur von akademischem Belang. Er ist eine persönliche Angelegenheit und muß anfangen als *intra*-religiöses Erlebnis. Wenn ich nicht in mir selbst die quälenden Spannungen und Polaritäten des Wirklichen spüre und durchleide, wenn ich von innen nur die eine Seite, die andere bloß von außen sehe, werde ich nicht in der Lage sein, wirklich zu verstehen, das heißt, unter dem Einfluß beider Visionen von der Wirklichkeit zu stehen und ihnen somit beiden gerecht zu werden. Eine andere Weise, dies auszudrücken, besteht darin, von meinem Interesse am Mythos und meinem Vertrauen in den Geist zu sprechen. Dieses Vertrauen hat mich in doppelter Weise geführt: Zum einen lehrte er mich, den *dharma* meiner konkreten Existenz anzunehmen (mehr als eigentlich zu erwählen); zum anderen, mich der Gestaltung einer neuartigen Spiritualität zu widmen. Sie versucht ein Zwiegespräch mit den Grundlagen des Menschlichen, das nicht allein und nicht einmal primär auf dem *logos* beruht, sondern den Geist für ebenso fundamental ansieht wie diesen. Die westliche Tradition neigt zu einem »Krypto-Subordinationismus«, der auch durch eine noch so große Zahl anderweitig wohlbegründeter Pneumato*logien* nicht zu überwinden ist, geschweige denn durch Phänomeno*logien*. Der Geist kann auf den Logos weder reduziert noch ihm untergeordnet werden. Eine Phänomeno*logie* des Geistes, der geistigen Wirklichkeit, ist so wenig komplett, wie ein Ballett in einem Stummfilm wiederzugeben ist. Das menschliche Organ für den Geist ist der *mythos*. Mythos und Logos gehören zusammen, aber ihre Verbindung ist weder dialektischer noch mythischer Art; eher werden beide erst durch ihre eigene Verbindung erschaffen. Wäre sie logischer Art, würde sie den Geist im Logos ersticken. Wäre sie mythisch, würden wir den Logos auf den Geist reduzieren. Mit anderen Worten, es gibt keinen Logos ohne Mythos – dessen Sprache der Logos ist; und es gibt keinen Mythos ohne Logos – dessen Grundlage der Mythos ist. Das Niemandsland ihrer Beziehung ist vollkommen leer. Keines herrscht über das andere. An dieser Stelle wurde mir das buddhistische *shûnyatâ*, die radikale Leerheit, zum lebendigen Symbol. Nur *pratîtyasamutpâda*, die radikale Relativität alles dessen, was da ist, kann eine Harmonie ohne Vorherrschaften aufrechterhalten. Ich habe verschiedentlich gesagt, daß der Naturwissenschaftler mit Objekten experimentiert, beziehungsweise mit den Parametern, die ihnen quantitativ entsprechen, der Philosoph mit Ideen und der Mönch mit sich selbst. Ich habe den Eindruck, daß ich in meiner Person all dies durchlebt habe. Und es ist das dritte von ihnen, das die schwerste Last des existentiellen Wagnisses mit sich bringt. Man setzt dabei sein Leben aufs Spiel – manchmal auch die Karriere und das Prestige, ja sogar den Ruf.

Um authentisch zu sein, muß das Experiment zugleich eine Erfahrung sein, es muß aus den geheimsten Winkeln des »eigenen« Seins kommen, und man muß es tun, fast ohne es verantworten zu können, das heißt, ohne die Konsequenzen vorherzusehen.

Ich erinnere mich, daß ich spontan Situationen ausgewichen bin, in denen ich Ehrungen und Macht hätte erlangen können. Ich habe das nie bereut, aber ich muß gestehen, daß ich in schwachen Augenblicken daran gedacht habe: Die Vorstellung, Minister, Bischof, Generaldirektor oder so etwas zu werden, ist nicht immer unangenehm. Es hat Jahre gedauert, bis ich das nur benennen kann.

Die intellektuelle Last

(6) Die *intellektuelle Last* ist nicht leichter zu tragen als das existentielle Wagnis. Sie besteht darin, diese grundlegenden Erfahrungen in intelligibler Weise zum Ausdruck zu bringen. Kann man die Vielfalt der eigenen Experimente und Erfahrungen in eine verstehbare Form gießen? Man könnte das auf die Frage zurückführen, ob das Dilemma des Monismus-Dualismus-Schemas sowohl in der existentiellen Sphäre als auch im Bereich des Intellekts überwunden werden kann. Hier ist der geeignete Ort für den Begriff *advaita*. Darunter verstehe ich jenes unmittelbare Erlebnis, das uns eine Wirklichkeit eröffnet, in der die Verschiedenheiten weder verabsolutiert (Dualismus: Gott – Welt; Materie – Geist) noch ignoriert (Monismus: reiner Materialismus, reiner Spiritualismus), weder zum Idol erhoben (Pantheismus: alles ist göttlich und nur göttlich) noch zu bloßen Schatten reduziert werden (Monotheismus: ein einziges Prinzip, ein Herrscher, viele Untertanen). *Spannungsfähige Polarität* ist ein letztgültiges Merkmal des Wirklichen. Als Symbole will ich hier *Säkularität, Advaita* und *Trinität* nennen: Zeit und Zeitlosigkeit sind entsprechend und korrelativ; die Intuition des Letztgültigen ist nicht-dualistisch; und die Wirklichkeit ist dreieinig.

Es ist unmöglich, diese intellektuelle Aufgabe hier eingehend darzulegen. Ich werde mich darum auf einige Hinweise beschränken.

a) Das Konzept der *Ontonomie, nomos toû ontos*, das sich auf den inneren und konstitutiven *nomos* jedes Wesens bezieht, trägt, wie ich glaube, zum gegenseitigen Verständnis und zur Befruchtung auf den verschiedenen Gebieten menschlicher Tätigkeit und Sphären des Seins bei, indem es ein (ontonomisches) Wachstum ohne Bruch der Harmonie ermöglicht. Dieses Konzept erscheint mir wichtig für die Politik, die Ökonomie, die Naturwissenschaften, die Metaphysik, die Religion und das Leben selber. Es stellt weder die lockere und abgetrennte Unabhängigkeit der individuellen Sphäre (Autonomie) noch die Vorherrschaft sogenannter höherer Klassen über Schwächere und Geringere (Heteronomie) in den Vordergrund, sondern jene gegenseitige Beziehung, jene radikale Relativität *(pratîtyasamutpâda)*, die uns nahelegt, daß die Wirklichkeit letztlich eine nicht-dualistische Polarität darstellt und daß daher das beste für ein jedes Seiendes seine harmonische Integration in das Ganze (Ontonomie) ist. In unserer ökologisch gestörten Welt beginnen wir zu akzeptieren, daß es nicht im eigenen Interesse Amerikas liegen kann, mehr Energie zu verbrauchen als irgendwer sonst; daß es nicht gewinnbringend für die Sowjetunion sein kann, die stärkste Militärmacht der Welt zu werden; daß es auch nicht vernünftig ist, ein liberalistisches *laisser faire* zu praktizieren oder künstliche Maßstäbe einzuführen; daß die Beschneidung der Freiheit den Aufstand hervorruft; daß Ermunterung zur Anarchie Totalitarismus provoziert, und so weiter.

Ist es möglich, eine ontonomische Ordnung zu entwickeln? Das Symbol an dieser Stelle ist für mich die *Person*. Denn liegt hier nicht das Mysterium der Person begründet, die weder Singular noch Plural ist? Eine Person ist die Konjunktion, die Vereinigung aller Pronomina. Wenn ich dem Ich ein Leid zufüge, wird das Du leiden. Wenn ich den Sohn auszeichne, freut sich die Mutter. Jenen ontonomischen Zustand zu entwickeln, wo das Optimum nicht das Maximum ist, ist nicht nur eine Wissenschaft, sondern auch eine Kunst. An diesem Punkt bedarf die Theorie der *Praxis* – und außerdem auch der *poiêsis*, des schöpferischen Tuns: Nicht Technologie ist hier gefragt, sondern T*echnikultur*. Diese sollte nicht mit Technokratie verwechselt werden, in welcher die Macht der Technologie und nicht die Kunst der *technê* zum Ausdruck kommt.

b) Ich würde gerne unter die letztgültigen und somit nicht aufzulösenden Unterscheidungen, wie sie in der Ontologie und Theologie formuliert sind, auch die *symbolische Differenz* einführen. Sie bringt die symbolische Struktur der Wirklichkeit im ganzen zum Ausdruck und ist somit in der Lage, die Dichotomie von Subjekt und Objekt sowohl auf der erkenntnisbezogenen wie auf der ontologischen Ebene zu überwinden. Ein Symbol ist nicht ein anderes »Ding«, wie ein Zeichen (welches noëtischen Charakters ist). Ein Symbol ist nichts als das Symbol dessen, das im und als Symbol erscheint. Das Symbol mit dem Ding zu verwechseln, ist genauso falsch, wie das Ding mit dem Symbol zu verwechseln, und dennoch gibt es nicht zwei Entitäten. Das Symbol ist weder auf der Seite des Objekts noch auf der des Subjekts, sondern in der bestehenden Beziehung zwischen beiden. Das Sein als Symbol zu sehen, eröffnet, wie ich glaube, ein neues Kapitel in der Begegnung der Kulturen und Weltsichten.

c) Ein dritter Neologismus ermöglicht es mir nun, mit wenigen Linien einen Sachverhalt zu skizzieren, der für das Verstehen des Menschen und der Vielfalt der Kulturen und Religionen von wesentlicher Bedeutung ist. Die phänomenologische Methode hat es uns ermöglicht, sehr verschiedenartige Bewußtseinsinhalte mit dem Hilfsmittel einer angemessenen *epochê* (Einklammerung der Frage nach der faktischen Existenz des Gegebenen) zu verstehen, indem wir die intelligiblen *noêmata* (Sinneinheiten der Wahrnehmung) erlangen. In Analogie zu diesen brauchen wir *pisteumata*, um die letzten Phänomene der religiösen Glaubensvorstellungen verstehen zu können. Dem liegen zwei Voraussetzungen zugrunde: erstens, daß der Glaube ein wesentliches Grundphänomen des Menschlichen darstellt. Zweitens, daß das menschliche Selbstverständnis ebenso wesentlich ein Bestandteil der Essenz des Menschen ist (anders als bei der Essenz eines objektivierbaren »Dinges«). Und darum muß man, um verstehen zu können, was der Mensch ist, wissen, was der Mensch selbst zu sein glaubt, und somit die Glaubensvorstellungen des Individuums irgendwie verstehen können. Es ist klar, daß wir hier die »methodischen« Schwierigkeiten nicht unterschätzen dürfen.

d) Weiter hat mich das Studium der Beziehungen zwischen den Kulturen zum Begriff der *diatopischen Hermeneutik* geführt. Sie unterscheidet sich sowohl vom morphologischen als auch vom diachronischen Typos der Hermeneutik darin, daß sie mit dem Gewahrsein von *topoi* (Standorte der verschiedenen Weltsichten) anfängt, die nicht mit Hilfe der Kategorien (Verstehenswerkzeuge) nur einer einzigen Tradition oder Kultur verstanden werden können. Während die morphologische Hermeneutik die verborgenen Schätze einer bestimmten Kultur entfaltet und die diachronische Hermeneutik die zeitliche Kluft in der menschlichen Kulturgeschichte überbrückt, versucht die diatopische Hermeneutik, menschliche Horizonte zusammenzubringen, die bis an die Wurzeln verschieden sind. Der *dialogische Dialog*, der durch den Logos hindurch zum Mythos vordringt und sich so von einem bloß dialektischen Dialog unterscheidet, könnte ein erster Schritt dazu sein. Wie können wir am Selbstverständnis des anderen Anteil haben? Die Probleme, in die man hier verwickelt wird, sind gewaltig. Wir brauchen wiederum eine Liebeshochzeit von Logos und Mythos, oder von *âtmavâda und nairâtmyavâda.*

e) Eine andere Weise, dieselbe unmittelbare Erkenntnis zum Ausdruck zu bringen, besteht darin, vom *tempiternen* (»zeitewigen«) Charakter der Wirklichkeit zu sprechen. Die säkulare Kultur hat recht mit ihrer Behauptung, daß Sein und Zeit gleich »ausgedehnt« sind, so daß es nichts gibt, was von der Zeit unberührt ist. Doch ist der zeitliche Aspekt der gesamten Wirklichkeit nur *ein* Aspekt der *tempiternen* Natur aller Dinge. Die Wirklichkeit erschöpft sich nicht in ihrer Zeitlichkeit; sie ist aber nicht jetzt zeitlich und »später« ewig, sondern *tempitern*, zeitlich und ewig zugleich. Auch hier finde ich es besser, von einer zeitlichen und einer *zeithaften* Dimension der Realität zu sprechen als von Zeit und Zeitlosigkeit. Zeit und Ewigkeit sind gegenseitig inkommensurabel, d. h., sie fügen sich nicht in das gleiche Maß. Und dennoch gehören sie zusammen wie der Bogen und die Lyra, wenn ich Platons Bild aufgreife. Die Realität ist weder ganz zeitlich noch ganz zeitlos, sondern zeithaft.

f) Weiter habe ich um eine Formulierung dessen gerungen, was ich nun die *kosmotheandrische* oder *theanthropokosmische* Intuition nennen möchte. Die Wirklichkeit ist nicht-dualistisch, und alles Seiende hat drei konstitutive Dimensionen: die kosmische, die menschliche und die göttliche Dimension; man könnte auch sagen: die materielle (raum-zeitliche), die intellektuelle (bewußtseinsmäßige) und die des Mysteriums (die unendliche). Nach einer Zeit der mythisch-holistischen Weltvorstellung hat man während der letzten dreitausend Jahre versucht, die Wirklichkeit durch Teilen, Abstrahieren und Spezialisieren in den Griff zu bekommen. Jetzt wird die Zeit allmählich reif dafür, daß man die zerbrochenen Stücke jener partiellen Einsichten wieder zusammenfügt zu einer neuen, holistischen Weltsicht: Es gibt keine Materie ohne Geist und keinen Geist ohne Materie, keine Welt ohne Gott, keinen Gott ohne das Universum, und so weiter. Gott, Mensch und Welt sind drei künstlich zu Substanzen erhobene Formen der drei ursprünglichen Attribute, die der Wirklichkeit anhaften. Die Drei-Welten *(triloka)*, die man in praktisch allen Traditionen findet, sollten in einer Schau zusammengeführt werden, die die Einsichten der Analyse nicht übersieht, aber die Wiederentdeckung der Wirklichkeit als eines dynamischen Ganzen möglich werden läßt. Es gibt nicht drei separate Geschichten oder Bereiche; eher durchdringt jeder Aspekt die beiden anderen und ist jede dieser Dimensionen auch im kleinsten Teil der Wirklichkeit präsent. Ein konkretes und heute brennend wichtiges Beispiel dafür im Bereich der Religion ist jene Schau, die die verschiedenen Religionen der Welt als Dimensionen der jeweils anderen sieht. Keine Religion – nicht einmal alle traditionellen Religionen zusammen – hat ein Monopol für Religion. In diesem Sinne habe ich den christlichen Begriff der *perichôrêsis* oder *circumincessio* aufgenommen, der die gegenseitige Durchdringung der trinitarischen Personen besagt. Ihm entspricht die buddhistische Auffassung des *pratîtyasamutpâda*, die die radikale Relativität der Wirklichkeit beschreibt. Zusammen mit diesen deuten auch die shivaitische Einsicht des *sarvam sarvâtmakam* (die universale Bezogenheit alles mit allem), die Weisheit Chinas und viele afrikanische Traditionen auf die *theanthropokosmische* Intuition hin.

g) Später ging mir allmählich, wahrscheinlich ausgelöst durch eine lange Zeit der Einsamkeit, die zentrale und letztgültige Beschaffenheit des *Wortes* auf. Ich bin mir an diesem Punkt des Einflusses u. a. durch Ebner, Heidegger und Bhartrihari bewußt, doch habe ich sie nicht eingehend genug studiert, um meine Auffassung über ihre Lehren in die Diskussion einbringen zu können. Für den hiesigen Zusammenhang will ich einen tiefgreifenden Unterschied machen zwischen *Fachausdrücken* als Zeichen, wie sie in der wissenschaftlichen Sprache benutzt werden, und *Worten* als Symbolen, wie sie benutzt werden im Zusammenhang dessen, was ich authentische Philosophie nenne. Von hier aus habe ich die *quaternitas perfecta* des Wortes entwickelt, das in sich ein Vierfaches umfaßt: den Sprecher, den Angesprochenen, das Gesprochene (*worüber* gesprochen wird) und die Sprache (*durch die* gesprochen wird): das Ich, das Du, das Es (Bedeutung, Idee) und das Damit (Materie).

h) Hiermit erschließt sich ein weiterer Zusammenhang: Das *Wort* ist die Offenbarung der kosmotheandrischen Natur der *Wirklichkeit*. Das Wort überwindet durch die Polarität von Sein und Sprechen die Spannung zwischen Sein und Denken (die die Grundlage des westlichen Selbstverständnisses bildet – und das Fundament der modernen Wissenschaft). Das Sein spricht. Unsere letzte Berufung besteht nicht darin, das Sein zu denken und so die Wahrheit zu erreichen, sondern, dem Sein durch unser aktives Zuhören und unseren Gehorsam (Gehorsam kommt von »hören«!) das Sprechen zu ermöglichen. An die Stelle der Polarität zwischen Denken und Sein tritt die triadische Beziehung von Sein, Sprechen und Denken. Wir sprechen nicht nur, was wir denken, sondern auch, was wir sind. Das Sein wird nicht nur gedacht, es wird auch gesprochen.

i) Ein weiteres wichtiges Ergebnis ist das, was ich den *pars-pro-toto*-Effekt genannt habe. Er kann auf zahlreiche widerstreitende Ideologien angewandt werden. Ich habe diese Bezeichnung im Zusammenhang der Religionsbegegnung eingeführt. Wahrhafter Ökumenismus ist nicht die Reduktion auf einen gemeinsamen Nenner. Authentische Toleranz erfordert keineswegs, daß man unannehmbare Ansichten zerstückelt. Man braucht die eigenen religiösen Überzeugungen nicht zu verwässern, um die der anderen akzeptieren zu können. Jede Tradition beansprucht das Ganze *(totum)* und strebt nach ihm in ihren unbedingten Aspekten. (Daher ist Christus nicht ein *avatâra* unter anderen oder Shiva bloß ein Gott im Welt-Pantheon). Aber sie sieht das *totum in parte* und *per partem*, das Ganze im Teil und durch den Teil, in den jeweils eigenen Kategorien und durch das eigene Fenster.

Dieser Effekt des Ganzen im Teil ermöglicht es meines Erachtens, die Ansprüche des holistischen Denkens und der ganzheitlichen Grundhaltung mit den Bedingungen des analytischen Denkens in Einklang zu bringen.

j) Ich könnte diese Linie weiterführen und damit den Begriff der *Ökosophie* erläutern, wie ich auch weitere Worte eingeführt habe, z. B. *Theophysik*. Aber das Gesagte wird ausreichen, um die intellektuelle Last zu veranschaulichen, die mit jener Weisheit der Liebe verknüpft ist.

Die geistige Freiheit

(7) Der Abschnitt über die geistige *Freiheit* müßte am längsten sein, weil er sich in Worten nicht zusammenfassen läßt und eigentlich mein Leben selbst betrifft. Solange man sich nicht befreit hat, ist man nicht erlöst, hat man das Heil, *sôtêria,*

moksha, nirvâna, nicht erfahren bzw. erlangt. Um dieses darzustellen, bedarf man der Disziplin und der Treue, ist aber nicht einer detaillierten Exegese verpflichtet. Es mag daher genügen, die paulinische Formel zu zitieren: Wo der Geist ist, da ist Freiheit (IIKor III,17): Der Geist durchdringt alles, weil er nicht irgend jemandes Eigentum ist. Aber darüber soll eigentlich mein eigenes Leben sprechen ...

Wenn alles gesagt und getan ist, bleibt doch die Quelle unumgänglich unsichtbar. Das Gesagte geht aus einem persönlichen Abenteuer hervor, das heißt aus einer Erfahrung, die weder individualistisch ist und um meiner eigenen Befriedigung willen unternommen wurde noch soziologisch als Vorschlag für einen neuen Traum oder eine Utopie der Menschheit. Es ist eher das, was in jedem kleinen Spiegel sich verwirklicht, der das Ganze der Wirklichkeit reflektiert und daher auch das Ganze in sich enthält, in jenem intimen Mikrokosmos der Person, in jener Tiefe der *kontemplativen Liebe,* auf die ich am Anfang Bezug genommen habe.

Fragen zum Lebensstil im Gespräch

Sie haben beim Stichwort »Freiheit« gesagt, daß in jedem Menschen etwas Unvertauschbares, Ewiges heranreife und daß in diesem Prozeß der Wille keine ausschlaggebende Rolle spielt. Kann dieser Weg auch verfehlt werden, wenn ein Mensch zum Beispiel die Gnade bewußt zurückweist?

Sicher, man kann den Weg verfehlen. Ich möchte in diesem Zusammenhang das Wort »Weg« nicht überbetonen, weil die wahre Freiheit nicht die Freiheit eines schon vorgeschriebenen Weges ist. Wir sind gerade darum frei, weil wir selbst den Weg machen. Die Freiheit besteht nicht darin, zwischen Weg »A« und Weg »B« zu wählen, sondern einen neuen Weg anzulegen, wo noch nie ein Weg war. Dazu darf ich mich von außen in keiner Weise beeinflussen lassen, sonst ist es kein freier, persönlicher Weg, was da herauskommt.

Um es paradox zu sagen: Die Freiheit wächst mit der Anerkennung des Tatsächlichen. Mit derselben Paradoxie läßt sich über die Hölle sagen: Die Hölle ist gerade deshalb Hölle, weil ihre Tore offen sind. Die Hölle besteht darin, daß man nicht heraus will – weil man mit Haß erfüllt ist: Ich will schreien, hassen, verleumden; sonst würde ich einfach gehen.

Es gibt drei Schichten der Freiheit: Zunächst die Freiheit der Wahl und die Freiheit der Entscheidungen. Bis an diesen Punkt befinden wir uns auf einer psychologischen Ebene. Aber dann gibt es noch eine ontologische Freiheit, die gerade darin besteht, daß der Kern meines Wesens sein Schicksal selber erschafft. Wir sind gleichzeitig Zuschauer und Schauspieler in dieser göttlichen Komödie der Wirklichkeit. Jeder spielt eine Rolle. Ich sehe gleichzeitig die anderen und mich selbst spielen. Ich *bin* der Schauspieler. Ich nehme aktiven Anteil an der Entfaltung des Universums, an der Geschichte der Menschen, in meiner Familie, meinem Dorf, meinem Land, meiner Zeit und so weiter.

Aber es kommt noch etwas hinzu, das wir sehr oft vergessen: Wir schauen und spielen nicht nur, sondern wir sind auch Verfasser, die Autoren des Librettos der Komödie. Zwar bin ich nicht der einzige, aber ein Mitverfasser sozusagen. Wir sind, indem wir die Sache sehen und mitspielen, selber Improvisateure. Wir haben das Recht zur Improvisation und auch die Macht dazu, und daraus resultiert unsere Verantwortung. Verfehlung bedeutet daher nicht, daß ich nicht genügend aufgepaßt habe, meine Rolle nicht richtig gelernt habe. Die Jugend versteht etwas von dieser Weisheit. Sie spürt, daß das Leben nicht bloß Nachahmen sein kann, nicht bloß Wiederholung dessen, was man bereits gelernt hat. Das Leben soll nicht nur bestimmt sein von der Erfahrung der Alten, die jetzt ein wenig weiser sind und wissen, wie man sich durchschlägt. Es ist etwas Funkelnagelneues, meine Inspiration, meine Schöpfung; etwas, das von innen kommt, von dem ich selbst nicht weiß, wie es sich verwirklichen wird. Auf dieser Ebene gibt es kein Libretto, keine Vorschrift, nicht einmal ein Lernen von der Vergangenheit. Und deshalb bin ich selbst der erste, der staunt, manchmal bereut, manchmal voller Tränen ist, weil etwas nicht gelingen will. Aber ich bin gleichzeitig immer voll Freude, weil dieses kleine *ego* am Ich teilhat.

Auf dieser tiefsten Ebene gibt es keine Modelle. Jene Spiritualität, in der wir unser Tun nach der Annahme ausrichten, was Jesus oder Buddha oder sonstwer an unserer Stelle tun würde, ist einfach ungenügend. Sie verrät den Individualismus und die Besessenheit unserer zerstückelten Welt. Buddha, Jesus oder Einstein in meiner Situation wären nicht Buddha, Jesus oder Einstein. Wir sind nicht Schachfiguren. Sowenig der Buddha ohne seine Zeit und Umwelt hätte Buddha sein können, so wenig kann ich es. So ist die Überlegung, was er an meiner Stelle tun würde, eine unzulässige Abstraktion, ein Ausdruck der Vereinzelung, des Abgerissenseins von meiner eigenen Situation. Sie beruht auf der falschen Hypothese, daß wir Monaden sind, Schauspieler mit einem vorgeschriebenen Libretto. Die im vorausgehenden Kapitel dargestellte Anthropologie der Quaternitas sagt uns, daß wir selbst Ort, Raum und Zeit sind und daher niemals sagen können, was Jesus tun würde: Dann wäre Jesus nicht Jesus. *Ich* bin da, und nur ich kann das tun. Wir sind gleichzeitig, wenn auch nicht mit gleichen Anteilen, Zuschauer, Schauspieler und Verfasser der Wirklichkeit.

Kann man dann überhaupt von Verfehlung sprechen? Oder vielleicht, daß der einzelne seine Möglichkeiten nicht ausschöpft?

Die Sache ist paradox. Zum einen ist klar: Man kann sich verfehlen. Aber der Fehler besteht nicht darin, daß ich dem Libretto nicht gefolgt bin, sondern daß ich nicht schöpferisch genug gewesen bin. Es gibt eine Stelle im Neuen Testament, die nicht in allen Handschriften enthalten ist, aber in den besten von ihnen. Es geht darin um die Frage der Pharisäer an Jesus, warum er den Sabbat nicht einhält. Jesus sieht einen Bauern, der am Sabbat arbeitet, und sagt zu ihm: »Wenn du weißt, was du tust, bist du selig. Wenn du es nicht weißt, bist du verflucht und ein Übertreter des Gesetzes« (Lk VI,5D). Wenn du weißt, daß heute Sabbat ist, und du brichst das Gesetz, nimmst es auf dich, trägst das Risiko selbst und hast es in deinem Herzen erwogen: dann bist du selig! Wenn du aber sagst: »Ach Entschuldigung, ich wußte gar nicht, daß heute Sabbat ist!« – dann bist du verdammt. Das ist Freiheit.

Jesus sagt, daß dieser Mensch selig ist. Christus selbst wurde von anderen verdammt, weil er den Sabbat nicht eingehalten hat. Dieser heilige Ungehorsam, selbst die Verantwortung zu übernehmen, bewegt die Geschichte. »Hier stehe ich, ich kann nicht anders«, sagte Luther. Wenn ich nicht anders kann, dann bin ich frei. Andernfalls geht es um Politik, Anpassungsstrategien und sogenannte Sachzwänge. Ich kann immer Gründe finden, meine Handlung zu rechtfertigen. Dies andere jedoch sind die schöpferischen Akte des Menschen, die gefährlichsten, die er tun kann; sie können ein Schisma bewirken, eine Revolution hervorrufen. Aber das ist das eigentliche menschliche Leben, ansonsten haben wir nur Kümmerlichkeiten.

Heißt dann Nachfolge, daß ich das Meine tun muß und nicht das, was Jesus getan hat?

Jesus oder Christus ist nicht ein Vorbild, dem ich nachahmen muß. Ich will damit keineswegs die kolossale Anziehungskraft Jesu zurückweisen oder bestreiten, daß wir von den großen Meistern lernen können – und müssen. Aber die echte *imitatio Christi* ist nicht eine Nachahmung, eine »Imitation«, sondern die eigene Umwandlung in Christus. Jesus ist kein Vorbild, aber Christus kann ein Inbild werden. So lehrt es nicht nur die Mystik.

Die Eucharistie besteht doch darin, daß der Leib Christi von uns *gegessen* wird. Nicht, daß *ich* in ihn verwandelt werde, sondern *er* wird *in mir* verwandelt, wird zu einem Teil von mir, so wie das Brot durch das Essen zu einem Teil von mir wird. Die Eucharistie ist kein Trick: Nicht wird Christus in das Brot verwandelt, sondern das Brot wird zu Christus. Und deshalb gilt: »Was ihr für einen meiner geringsten Brüder getan habt, das habt ihr mir getan« (Mt XXV,40). Keine Nachahmung, kein Abbild, sondern ein Inbild, eine Verwandlung; kein *alter Christus* (anderer Christus), sondern *ipse Christus* (Christus selbst). So ist für Paulus Christus das Haupt, und wir sind die Glieder. Die Rede Christi vom Brot des Lebens (Joh VI,35f.) und die Abschiedsreden (Joh XVf.), viele paulinische Stellen und die ganze christliche Mystik lassen uns verstehen, daß es nicht um Nachahmung Christi, sondern gerade um die Einverleibung Christi in uns geht. Das Verhältnis der Christen zu Christus gleicht der Beziehung Jesu zu seinem Vater; sie gleicht einer Kindschaft, in der Gebären und Geborenwerden untrennbar in einem dynamischen Prozeß verbunden sind. Gerade darin ist die Trinität schon enthalten.

Wir beten im Vaterunser: Dein Wille geschehe. Und Jesus hat einmal gesagt: »Es ist meine Speise, den Willen dessen zu tun, der mich gesandt hat« (Joh IV,34). Wie verstehen Sie das auf dem Hintergrund des Gesagten?

Ich verstehe es auf zwei verschiedenen Ebenen. Erstens ist die Bitte: »Dein Wille geschehe« ein sehr dynamisches Gebet. Es kann nur sinnvoll gebetet werden, wenn es besagt, daß die Spannung und Polarität zweier Willen miteinander in Einklang gebracht werden soll. Denn sonst macht es keinen Sinn, zum allmächtigen Gott zu sagen: »Tu, was du willst.« »Das weiß ich!«, würde er antworten. Wenn er allmächtig ist, wird sein Wille sowieso geschehen, er braucht dazu nicht meine Frömmigkeit. Die Aussage hat also nur Sinn, weil *ich* will, daß es so geschehe. Mein Wille soll diesem allmächtigen Willen einverleibt werden – und ich selbst mit ihm. Ich will mich anpassen, nicht dem Willen eines Mächtigeren, sondern jenem schöpferischen Willen, der nach christlicher Sprache die Welt lenkt. Darum bete ich, daß ich an diesem freien, alles neugestaltenden Willen teilnehmen darf. Aber mehr noch: Ich wage zu wollen, daß dieser winzige Wille meiner selbst jenen Willen beeinflußt. Und daher geht es weiter: »Wie im Himmel, so auf Erden«. Das ist die Mitwirkung, die Synergie, von der Paulus spricht (IKor III,9; vielleicht ist das gleiche auch in IIIJoh 9 gemeint), das Zusammenwirken von seinem Willen und meinem Willen: Sein Wille wartet auf meinen Willen, und mein Wille stützt sich auf seinen Willen, damit dann gelten kann: »wie im Himmel, so auf Erden«. So geht es in dieser Bitte des

Vaterunsers weder um Fatalismus noch um jene nichtssagende Tautologie, die ich oben skizziert habe.

Zweitens: Es gibt Momente im menschlichen Leben – oben ist jene Situation Jesu im Garten Getsemani genannt worden –, in denen mein Wille schwankt, meine Freiheit schrumpft und verkümmert. Ich kann nicht so viel auf einmal annehmen. Mein Wille revoltiert dagegen. Für solche Situationen ist es heilsam und gut zu wissen, daß mein Wille einerseits nicht der alleinige und maßgebende ist und daß es andererseits einen höheren Willen gibt, an den ich mich wenden kann, um wiederum meinen Willen diesem anzuschmiegen. Das ist die menschliche Befindlichkeit. Man kann nicht immer im Licht der Verklärung leben. Nicht alles ist reine Freiheit in dem Sinne, daß alles von selbst gelingt. Das Leben ist Herausforderung und Spannung. Und es ist realistisch und gleichzeitig tröstlich zu wissen, daß wir in diesem Kampf nicht allein sind.

Wenn das Böse und das Versagen zur menschlichen Befindlichkeit gehört, gibt es dann diese Unzulänglichkeiten auch im Bereich des Göttlichen?

Warum wollen wir sämtliche Schuld nur auf Eva oder die Schlange abschieben? Es geht um die Frage, wo das Böse herkommt. Die christliche Theologie ist hier oft etwas brüchig; anders die islamische Theologie des Satans, Iblîs. Der Islam hat die Absolutheit Gottes ernst genommen wie kaum eine andere Religion. Deshalb kann das Böse nicht in der Weise vertuscht werden, als ob es irgendwie von selbst entstanden wäre. Ich kann dies hier nur kurz zusammenfassen. (Ich stütze mich hier auf die Erzählung von Husayn Ibn Mansûr Hallâj nach der Übersetzung von Massignon[56]. Es handelt sich dabei um eine mystische Anschauung, ähnlich vielleicht der Maulânâ Jalâluddîn Rûmîs, eines anderen großen Dichters der islamischen Tradition.)

Woher kommt das Böse? Von Satan. Wer ist Satan? Das erste Geschöpf Gottes. Satan steht an erster Stelle, viel höher zum Beispiel als Maria. Er ist der erste Engel, der Luzifer, abgesehen von Gott selbst das vollkommenste Abbild des Göttlichen. Alles andere kommt nach ihm. Das Böse, insofern es wirklich ist, kann nur von Gott kommen. Auf der letzten Stufe des Wirklichen, auf der nur Gott ist, gibt es das Böse nicht. Aber im Schicksal der Zeitlichkeit ist es sehr mächtig und wirklich. Als solches hat es den Allmächtigen zum Ursprung, obwohl das Höchste Wesen das einzige Wesen ist, das kein Übel verrichtet.

Gott sagte im Kreis der Engel: Der Mensch soll über Luzifer stehen, und die Engel sollen den Menschen Ehrfurcht erweisen. Luzifer war der einzige, der das verstanden hat – er, der Ersterschaffene der Schöpfung. Und darum folgt nun ein gewaltiger Dialog zwischen Gott und Luzifer. Dieser sagt: »Wie kannst Du mir sagen, daß ich ein Geschöpf anbeten soll? Wie kann ich Dir das antun? Wie kann ich einem anderen als Dir Ehrfurcht erweisen? Ich weiß, daß mich das mein Schicksal kosten wird, daß ich verstoßen werde, daß Du mich in die Hölle werfen wirst. Ich weiß, daß das ganze Universum dadurch umgewälzt, verändert wird. Aber ich werde Dir treu bleiben, trotz Deiner selbst, trotz Deiner Gebote, aus Treue und Liebe zu Dir, denn ich bin Dein bestes Abbild. Ich werde Dir nicht gehorchen! Nur Dich kann ich anbeten!«

Satan ist wie ein verstoßener Verliebter. Als er Mose trifft und ihm sein Schicksal erzählt, wirft dieser ihm entgegen: »Du hast ein göttliches Gebot verletzt?« Darauf sagt er: »Es war nur eine Prüfung (Versuchung), kein Gebot!« Er sieht sich nicht als Sünder: »Zuerst diente ich Ihm für meine Freude, jetzt diene ich Ihm für Seine Freude. Ich habe mein Schicksal nicht verworfen.« Und dann kommt eine großartige Liebeserklärung: Er ist mit Ihm immer verbunden, und wo Seines Namens gedacht wird, da wird auch Luzifers Name nicht vergessen werden.

Aus dieser tragischen Treue Luzifers zu seinem ersten Versprechen, Gott und nur Gott zu verehren, entsteht das Böse in der Welt. Deshalb gehört die Tragik zur menschlichen Geschichte; nicht nur, wie in der christlichen Theologie, weil der Mensch gefallen ist; denn auch der Engel ist gefallen. Der Sündenfall (an den der Islam nicht glaubt) ist etwas, was innerhalb des Ganzen stattfindet. Darum müssen wir uns unserer Würde und Verantwortung bewußt werden, weil das alles zusammengehört. Unsere Größe und Verantwortung und das menschliche Leben besteht genau darin. Vom Islam könnten wir lernen: Der Mensch mag gefallen sein, aber der Fall ist innerhalb der Zeit geschehen, und deshalb wird er auch ein Ende haben. Das ist Erlösung, Versöhnung, die *anakephalaiosis* bei Paulus (»Zusammenfassung«, Eph I,10), die Auferstehung bei Petrus (vgl. IPetr I,3), die *apokatastasis*, Aufrichtung, Wiederherstellung, Vollendung des Mysteriums der nackten Existenz (Apg III,21). Die Erlösung gehört genauso zu uns wie die Sünde.

Sie zeichnen einen unglaublich stolzen, selbstbewußten Weg des Menschen. Könnte man in diesem Zusammenhang von einer gewissen Selbstzurücknahme Gottes reden? Er macht sich in Jesus sozusagen kleiner (im Sinne der Kenosis, der »Entäußerung« Gottes), damit sich der Mensch so selbstbewußt entwickeln kann.

Man könnte; aber mein Anliegen ist es, den Dualismus zu überwinden, ohne in Monismus zu verfallen. Deshalb würde ich nicht eine Konkurrenz zwischen Gott und Mensch sehen. Um die unendliche Würde des Menschen anzuerkennen, braucht man Gott nicht zu erniedrigen. Es geht nicht nur um die Chance und das Schicksal des Menschen, sondern damit ist zugleich das Schicksal Gottes verbunden. Ich bin kein Monotheist in dem Sinne, daß irgendwo Gott ist und dann setzt er sich ein wenig zurück und macht Platz für uns.

Ich glaube, an dieser Stelle ist ein radikaler Bruch zwischen dem Christentum und der monotheistischen Tradition des Judentums. Und das ist die Trinitätslehre, die besagt, daß Gott wirklich eingeht in Welt und Menschen. Die schöpferische Kraft dieses Bruches ist erst richtig sichtbar geworden, als das Christliche den Mittelmeerraum und dessen Kolonien verließ. Daher ist während der ersten zweitausend Jahre die Trinitätslehre immer im Schatten geblieben und im Leben der Christen nie umgesetzt worden. Solange das Christentum den Mut nicht hat, sich hier von den abrahamitischen Ursprüngen zu befreien, wird es eine jüdische Sekte bleiben; aber dann hat es in Afrika oder Asien nichts verloren, denn die kolonialistischen Zeiten sind vorbei. Vor allem in Asien ist das die große Herausforderung für das dritte christliche Jahrtausend.

Daher halte ich nicht viel von jenem theologisch-trickreichen Gedanken des Zurücktretens Gottes, sondern ich glaube, daß in diesem Spiel Gott selbst mitbeteiligt, miteinbezogen ist. Es geht nicht nur um unser Schicksal. Sondern ich bin davon überzeugt, daß, wenn wir die ganze Erde tatsächlich vernichten würden und könnten, auch Gott vernichtet würde. Ich glaube nicht, daß es ernsthaft eine Lehre von der Menschwerdung Gottes geben kann, wenn die Inkarnation am Ende der Zeiten nichts anderes gewesen sein wird als eine kleine Episode, daß da einmal ein Mann namens Jesus in Palästina herumgelaufen ist. Ich glaube vielmehr zusammen mit Paulus und dem ganzen Neuen Testament, daß Christus Alpha, Omega und alles dazwischen ist, Beta, Gamma, Delta und so weiter, und daß dieses Mysterium seit Anbeginn der Welt in Erscheinung getreten ist. Ich lasse mich nicht astronomisch verkleinern! – obwohl sich all das nicht so schnell abhandeln läßt.

Denn alles ist verbunden, Gott, das Seiende, die Trinität, Maria und so weiter. Und diese Verbindung fängt mit unserem Leben an und daher mit unserer Anschauung von der Wirklichkeit. Wenn wir uns auf unsere Weise mit diesen grundsätzlichen Fragen befassen, dann bekommen wir das Geschenk der Freiheit. Die Dogmen werden mich dann nicht schrecken. Denn im orthodoxen Sinn darf ein frommer Christ nicht an die Dogmen glauben. Sie sind nur Kanäle, durch die der Akt des Glaubens hindurchgeht. Wenn sie verstopft sind, durch Tradition, Aufklärung oder was immer, sucht sich der Glaube eben andere Kanäle. »Der Akt des Glaubenden endet nicht im Glaubenssatz, sondern in der Sache«, sagt Thomas von Aquin.[57] Und die Sache transzendiert sämtliche Formulierungen. Das ist kein Glaube an Lehrsätze. Die Lehrsätze sind zeitbedingt, sie verkörpern ein bestimmtes Verständnis der Sache. Sie sind ein Gerüst, mehr nicht. Und wir glauben nicht an ein Gerüst. Man braucht manchmal ein Gerüst als Hilfsmittel; und vielleicht brauchen wir zur Zeit neue Gerüste.

Sie sagten, daß bei einer Zerstörung der Welt auch das Göttliche oder Gott nicht mehr existieren wird. Das bedeutet andersherum, daß das Göttliche etwas Immanentes ist. Und wir reden über das Göttliche immer in Form von Bildern und Gleichnissen. Aber wenn man die Subjekt-Objekt-Differenz als ein bestimmtes Schema der Wahrnehmung in Frage stellt, dann ist das Göttliche plötzlich etwas in uns, nichts Transzendentes mehr. Worüber reden wir dann?

Wir müssen darauf achten, daß hier kein Mißverständnis entsteht. Das Göttliche ist nicht nur immanent, sondern auch transzendent. Es wäre verheerend, Gott in einer immanentistischen Theologie auf etwas rein Weltliches zu reduzieren. Gott ist transzendent, aber seine Transzendenz kann nur gedacht werden, indem ich genauso seine Immanenz durchdenke und betone. Das Göttliche ist auch immanent. Das ist schon in der Logik des Begriffs »Transzendenz« begründet. »Reine Transzendenz« wäre ein Widerspruch, denn im Moment meines Aussprechens wäre sie schon gebrochen, ich bin ja durch mein Denken schon dorthin gelangt. Darum habe ich gesagt, daß jener Gedanke einer »reinen Transzendenz« voller Widersprüche und daher eigentlich undenkbar ist. Außerdem haben wir von unserer geistigen Konstitution her niemals sämtliche Fäden in der Hand, und unser Denken ist nicht absolut.

Wogegen ich mich aber wende, ist jene Oberflächlichkeit, die sagt: »Am Ende wird alles gut gehen, denn da ist ja der gute Gott, und der wird schon dafür sorgen ...« Das scheint mir nicht überzeugend. Aber ebensowenig darf das Göttliche ganz vergeistigt werden, so daß es nur noch ein Bestandteil der Immanenz des Geistes ist. Genauso wie ich sage, daß das Göttliche in der Welt präsent ist, sind wir auch im Göttlichen präsent. Hier ist die Anschauung des christlichen Mysteriums so wesentlich. Christus ist das Symbol der höchsten Realität. Und in Jesus Christus ist das Göttliche *genauso* transzendent wie immanent; das Materielle ist in ihm genauso göttlich, wie es verschieden vom Göttlichen ist. In Christus ist alles göttlich, sein Gehen, sein Essen, alles was er tut; und alles ist menschlich und auch materiell. So ist das Bild des Göttlichen jedenfalls für die Christen in jener Ganzheit des Mysteriums dargestellt.

Also: keine Immanenz ohne Transzendenz und keine Transzendenz ohne Immanenz. Und das Göttliche darf nicht auf seine Subjekthaftigkeit reduziert werden, denn dann wäre nichts gewonnen, bestünde die alte Trennung von Objekt und Subjekt weiter fort, nur mit negativen Vorzeichen versehen.

Zusammenfassend möchte ich sagen: Mein Anliegen in diesen Gesprächen ist es nicht, eine neue theologische Schau zu entwickeln. Das hätte auf so engem Raum keinen Sinn. Sondern ich möchte eine Erfahrung mitteilbar machen, eine Hilfe geben – wo sie angenommen wird –, um diesen Kern unserer Existenz zu entdecken. Ich habe dafür absichtlich keine spezifisch christliche Sprache gebraucht, was ich auch hätte tun können. Ich habe versucht, auf jene Ur-Erfahrung des Menschseins hinzuweisen, die ohne weiteres das Göttliche einschließt.

»Das bist du«
Eine Zusammenfassung im Gespräch

Dieser Schluß ist ein Wagnis der Zusammenfassung der Zusammenfassungen, die gleichzeitig eine Synthese von etwas ist, das zu erlernen lange Zeit erfordern würde; dies wäre gleichzeitig eine Verdichtung des menschlichen Lebens, das gleichzeitig ein Abbild des Schicksals der Menschheit ist, die gleichzeitig eine *Anakephalaiosis*, eine Rekapitulation des Schicksals des Universums darstellen würde, also eine sehr hohe Potenz!

All das will ich nun noch einmal in einfachen Worten zusammenfassen und mich dabei zum einen auf die Bibel und zum anderen auf die Weisheit der Upanishaden beziehen: Die Bibel sagt, daß der Mensch nach dem Bild *(eikôn)* und dem Gleichnis *(homoiôsis)* Gottes erschaffen wurde (Gen I,26). Das heißt erstens, daß der Mensch Gott ähnlich ist; wir sind ja seines Geschlechts, wie die Griechen wußten und Paulus bejahend wiederholt (Apg XVII, 28). Das besagt aber, zweitens, daß der Mensch ein Spiegel der ganzen Wirklichkeit der ganzen Schöpfung ist, daß der Mensch nicht nur ein Mikrokosmos, sondern auch ein Bild des großen Kosmos, der ganzen Realität ist, daß in jedem Menschen sich das Schicksal Gottes und der Welt widerspiegelt. Das ist die unendliche, ja göttliche Würde des Menschen, in der sich sämtliche Dimensionen der Realität treffen.

Wir haben gesagt, daß es darum geht, den tiefsten Kern des Seins zu entdecken. Das Sein aber existiert nicht, es ist eine Abstraktion – lebt nirgendwo, nirgends, ist nicht zu finden. Es gibt das Sein nicht. Es gibt nur den Gedanken des Seins. Sicher, es gibt viele Bücher über das Problem des Seins. Aber der Begriff des Seins, mit dem wir die Wirklichkeit zu bezeichnen versuchen, ist eine Abstraktion, wogegen die Wirklichkeit selbst nicht abstrakt, sondern immer konkret ist. Sie ist das »ich *bin*«, »du *bist*«, »es *ist*«. Was es also gibt, ist nicht der Begriff des Seins, sondern »bin«, »bist«, »ist«: Der Stuhl ist, du bist, ich bin.

In einer ersten Annäherung scheint es, daß der Mensch das »ist« denken, das »bist« fühlen, das »bin« erfahren kann. Hier haben wir wiederum diese Dreifaltigkeit, diese Dreieinheit des »ist«, »bist« und »bin«, die drei Dimensionen der Wirklichkeit darstellen. Aber was »ich« wirklich »bin« oder was »wir« tatsächlich »sind«, ist nicht so leicht zu erfahren. Wenn wir auf der Suche dem »Wer bin ich?« nachlaufen, werden wir herausfinden, daß der Fragende sich immer zurückzieht und nur ein Objekt übrig läßt, eine Spur, ein *vestigium, trace*, Fußstapfen. Das Ich, das wir suchen, ist nicht ich. Das Ich, das ich finde, ist immer gefunden; es ist eigentlich ein Du …

Tat tvam asi – das ist vielleicht eine Möglichkeit, diese Weisheit auszudrücken: »Das bist du« (CU VI, 8–16). Das »du« gehört mir, nicht aber ein »etwas«, das ich zu sein meine. Ich bin ein »du«. Die Aussage lautet nicht: »ich bin brahman«, sondern »(tat) tvam asi«: »(das) bist du!«

Natürlich ist das »bist« nicht völlig trennbar oder unabhängig vom »bin« und vom »ist«. Wenn ich mich als »bist« erfahre, erfahre ich erstens meinen Kern – das ist das Tiefste –, zweitens schließe ich damit das »bin« ein, ohne welches das »bist« keinen Sinn hat, und das »ist«, ohne welches es nicht existieren kann.

Ich habe erklärt, daß es uns nicht verboten ist zu sagen, »ich bin«, »ich bin die Wahrheit«. Aber das »ich«, das das vollziehen kann, ereignet sich in einem »du«. Denn »ich bin« dadurch, daß »du bist«. (Hier leiden wir unter der Unzulänglichkeit unserer Sprache: Es gibt andere Sprachen, die das Verbum »sein« nicht in solcher Weise anwenden, es ist für sie überflüssig. Sie haben es vielleicht einfacher, jene Dreieinigkeit zu erleben.)

Wenn wir dieses Bewußtsein in uns verankert haben, dann haben wir gleichzeitig Kommunion mit unserem Selbst, mit der ganzen Außenwelt, miteinander und mit dem Göttlichen. Denn meine Identität ist ein »bist«, und das »bist« ist nur existent in einem »du«, das von einem »ich« ausgesprochen wird und auf einem »es« beruht. Dies läßt sich vielleicht in jener einzigen Formel *tat tvam asi* zusammenbringen. Man muß es dafür ziemlich zusammenpressen – aber es könnte ein guter Wein daraus werden, und das ist meine Hoffnung!

Was für eine Art von Meditation würden Sie dem Suchenden empfehlen? Zen, Yoga, neue und traditionelle Formen christlicher Kontemplation, Meister Eckhart, Teresa von Avila, Johannes vom Kreuz – was würden Sie empfehlen?

»Wanderer, es gibt keinen Weg, du machst den Weg, indem du ihn gehst!« – Vielleicht könnte der Hindu-Begriff *svadharma* hier helfen: Es gibt Wege, Techniken im besten Sinne, die für eine Person oder für eine gewisse Zeit angebracht sind; und zugleich wäre es verheerend, wollte man sie weiterverfolgen, wenn diese Zeit vorbei ist, oder sie auf andere Personen anwenden. Deshalb mag manchmal ein Wegweiser, ein Meister, ein Guru, ein Vorbild in Gestalt einer wirklichen, lebendigen Person als Hilfe oder Anregungskraft von außen nützlich sein (obwohl wir immer unsere Wachsamkeit aufrechterhalten müssen, damit der Gehorsam und die Disziplin nicht blind werden).

Die Frage ist sehr berechtigt. Was man in dieser Gegend der Welt am meisten spürt, ist die Notwendigkeit einer wirklichen Meditation und manchmal auch die Schwierigkeit, diesen Weg allein zu gehen. Das einzige, was ich sehen kann, ist, daß man den Weg gehen muß! Vielleicht stolpert und fällt man dabei oder geht auf Umwegen – aber es gibt eine Art Vorsehung, ein *karma*, einen Zufall, eine kosmische Solidarität; und wenn wir uns dieser öffnen, dann taucht auch der richtige Meister auf, wenn es nötig ist. Daher habe ich keine Methode, keine Technik zu empfehlen. Ich glaube, daß alle Techniken nützlich sind und daß sie alle gleichzeitig ein Hindernis sind. Wachstum besteht gerade darin, daß das, was am Anfang, in der Mitte oder gar gegen Ende meines Lebens das beste war, zum Hindernis wird. Was sehr gut war für den Novizen, für die Lebensmitte, einmal muß man es weglassen. Es ist wie ein Gerüst, wie ein Paar Krücken, sehr sinnvoll wohl, aber nicht das Eigentliche.

Neun Regeln – Sutren – habe ich mir vorgeschrieben:

(1) Bei mir selbst anfangen;

(2) In mir selbst anfangen (also ohne Anstoß von außen);

(3) Mich selbst der GANZEN Realität öffnen;

(4) Dort anfangen, wo ich selbst bin: keine *tabula rasa*, nicht warten auf die optimale, ideale Ausgangssituation – zum Beispiel: »wenn ich Geld haben werde ...«, »wenn ich heiraten werde ...«, »wenn ich dies oder jenes fertiggebracht haben werde ...«, »wenn ich besser bin ...«!

(5) Nicht auf die Folgen achten: Dafür muß man ein reines Herz haben, denn sonst hat man Angst. Niemand kann alle Folgen vorausberechnen, nicht einmal der Computer, und wenn ich dem Computer mein Vertrauen schenke, bin ich sowieso schon nicht mehr frei.

(6) In Solidarität sein: also nicht in Isolierung – Einsamkeit braucht aber nicht Isolierung zu bedeuten; Solidarität kann Gruppe, Familie, Freunde bedeuten, was auch immer.

(7) Selbst-motiviert sein: also ohne fremde Hilfe, ohne Geld von außen, ohne Eingebungen, ohne ein genaues Ziel – nein, man kann nicht vom Ziel motiviert werden!

(8) Gewaltlos sein: nicht den Willen anspannen, nichts überwinden wollen, denn sonst verdrängt man nur ständig.

(9) Immer neu beginnen!

Sie haben gesagt, daß das Christentum mit den abrahamitischen Traditionen brechen soll, um die Struktur einer jüdischen Sekte zu überwinden. Das klingt sehr totalitär. Können Sie das erläutern?

Ich will vorausschicken, daß das Judentum in meinen Augen eine der großartigsten religiösen Überlieferungen der Welt ist. Ich bin nur gegen jeden Exklusivismus. Bis jetzt muß man, um Christ zu sein, in geistlicher Hinsicht Semit, in intellektueller ein Grieche sein, sonst versteht man nichts vom Christentum. In den ersten zwei Jahrtausenden hat sich das Christentum mit dieser Position identifiziert. Das ist großartig – aber genügt es?

Viele große Traditionen der Welt haben entweder geglaubt, daß sie die einzigen seien oder daß sie den anderen überlegen seien. Ein krasses Beispiel für das erstere ist die Entwicklung des naturwissenschaftlichen Weltbildes; genauso ausschließlich und vereinnahmend verhalten sich auch viele Religionen. Ein Beispiel für letzteres sind die Chinesen, die zu klug sind, als daß sie ihre Tradition für die einzige halten würden; aber sie halten sich für überlegen! Sie haben als erste ein Wort mit der Bedeutung »Barbar« erfunden, um damit die anderen abzuqualifizieren.

Mit dem Wort »Jerusalem II« meine ich folgendes: Das Christentum kann sich entweder – was völlig legitim ist – auf seine bisherige Tradition beschränken. Das bedeutet, es ist eine Religion neben anderen, nicht besser, nicht schlechter, mit allen Unterschieden und Nuancen. Oder das Christentum muß eine Mutation durchlaufen, einen neuen Schritt tun, gleich dem Schritt der Urchristen auf dem ersten Konzil in Jerusalem, als sie die Beschneidung abschafften. Man müßte jetzt nicht nur die Taufe und vieles andere neu interpretieren, sondern über diese christlichen Inhalte hinausgehen ins Leere, das sich hinter ihnen auftut. Das ist die Herausforderung des dritten Jahrtausends.

»Christenheit«, das bedeutet politisch und kulturell tausend Jahre Europas. »Christlichkeit« dagegen ist das Wort, das ich anbiete für eine Entwicklung hin zum dritten Jahrtausend, in der alle doktrinären Interpretationen zwar nicht beiseite gelassen, aber weder verabsolutiert werden noch maßgebend sind, während das Hauptgewicht auf der Erfahrung ruht. Dann kann man auf eine Art Christ sein, in der keine konziliaren Systeme der christlichen Theologie mehr notwendig sind – so schön diese auch geformt sein mögen. Wir Christen müssen als Kirche im Kollektiv entscheiden, was wir sein wollen. Beide Formen sind legitim, die traditionelle wie die universale. Nur eines darf man nicht: weiter Kolonialismus treiben. Wenn wir die erstere Form wählen, bedeutet das letztlich, daß das Christentum in Afrika und Asien nicht inkulturiert werden kann. Denn die Menschheit kann sich nicht auf einen einzigen ihrer Zweige reduzieren. Selbst mit Teilhard de Chardin läßt sich zeigen, daß die Auffassung einer monolithischen Menschheitsentwicklung ungenügend ist. Ich spreche von gegenseitiger Befruchtung.

Was muß konkret überwunden werden?

Der Absolutheitsanspruch und der Anspruch auf Universalität, alles andere steht nicht im Weg. Es muß Platz geschaffen werden für die anderen Traditionen, das Bewußtsein, daß es Denkweisen gibt, mit denen die christliche Weltanschauung sehr wenig anzufangen weiß. Bisher muß man sich, um das Christentum verstehen zu können, einer Beschneidung des Geistes, des Intellekts unterziehen. Das darf in Zukunft nicht mehr vorausgesetzt werden.

Wo sehen Sie die Chance einer Weiterentwicklung des Menschen? Das Christentum ist sehr in Morallehren gefangen, und für die innere Entwicklung des Menschen wird wenig angeboten. Der Mensch bleibt so immer ein Sünder, der sich durch Demut und Reue vielleicht einen Platz im Himmel erwerben kann. Aber das menschliche Potential ist dadurch nicht ausgeschöpft! Vielmehr wäre doch möglich und ist auch – so meine ich – von Gott gewollt, daß der Platz des Menschen auf der Erde wirklich erfüllt wird und daß er ein höheres Bewußtsein in sich entwickeln kann. Diese Chance wird uns vom Christentum offenbar nicht geboten. Ich finde das höchstens bei Meister Eckhart. Vielleicht könnte man diesen Weg weitergehen, aber es ist jedenfalls nicht der christliche Hauptstrom.

Wenn Sie so vom Christentum denken, müssen Sie sich bekehren – nicht um irgend etwas von diesem Christentum zu retten, sondern um sich selbst zu retten, um nicht irgendwo steckenzubleiben. Wenn Sie eine solche Idee vom Christentum haben, ist es höchste Zeit, daß Sie sich daraus befreien, hin zu einem besseren Christentum – oder zu einer anderen Sache.

Mein Verständnis des Christentums ist anders. In sämtlichen Religionen, institutionalisierten wie nicht-institutionalisierten, fragen die Leute: »Wo finde ich einen reinen, geheiligten Platz für *mich?* Ich muß meine Plazenta verbrennen, mein Christentum wegwerfen, meine Hindu-Identität verlassen ... Wo finde ich eine Religion, die mir gemäß ist?« In dieser Frage spiegeln sich meine menschlichen Schwächen wider. Doch es macht keinen Sinn, mich zu trösten, indem ich Fehler bei den anderen aufdecke, das Christentum schrecklich, andere naiv, die dritten fanatisch finde.

Man muß einen Schritt versuchen in Richtung auf Liebe, Toleranz, Gerechtigkeit und vor allem Freiheit, wenn man hier etwas ändern will. Wohl gibt es dazu schöne Vorstellungen, von Aurobindo, Meister Eckhart, auch von Johannes Paul dem Zweiten ... Das Schwierige ist die praktische Umsetzung: Wenn ich zum Beispiel nur tolerant mit den Toleranten bin, ist meine Toleranz sehr schwachbrüstig.

Aber man sollte keine Angst haben: Wenn Sie empfinden, daß das Christentum für Sie verheerend gewesen ist, lassen Sie es einfach beiseite, es geht auch anders. Ich meine das sehr ernst. Man muß existentiell seinen Weg gehen, und alle Wege führen zum Ziel, unter einer einzigen Bedingung: daß sie *Wege* sind; daß ich nicht steckengeblieben, sondern noch unterwegs bin; und daß ich nicht von einem Weg zum anderen springe, um mir so mein persönliches Cocktail zu mixen. Alle Wege sind nur dann Wege, wenn man darauf *geht*. Eine Tradition des mittelalterlichen Hinduismus lehrt den Weg der Paradoxie, daß man zu Gott gelangen kann, indem man ihn haßt. Sogar das ist ein Weg! Mehr kann man kaum sagen, außer: *geh!*

Ausklang: Ökumene – Wahrheit ist symphonisch

Wenn ich im folgenden die Zukunft der Begegnung zwischen den Religionen unter dem Vorzeichen eines „Kritischen Ökumenismus" beleuchte, dann meint das einen bislang eher verborgenen Aspekt: Es geht um die Anerkennung und Wertschätzung des Rechts auf eine unerläßliche Kritik, die von außerhalb einer bestimmten Tradition stammt. Dieser kritische Ökumenismus überwindet allerdings nicht von vornherein die „deformierte" Sicht derjenigen, die nicht mit dieser Tradition sympathisieren, ebensowenig die „Karikatur", die nach Meinung der Insider von denen draußen gezeichnet wird.

Einige Beispiele können zur Veranschaulichung dienen: Protestanten haben Probleme mit dem, was sie als katholische Götzenverehrung deuten. Katholiken dagegen kritisieren den vermeintlichen protestantischen Rationalismus, wobei jede Seite behauptet, das seien nur Karikaturen. Im Christentum finden sich Vorstellungen und Praktiken, die von einem hinduistischen Standpunkt aus absurd oder doch zumindest lächerlich erscheinen. Christen wiederum können es als grundlegendes Mißverständnis betrachten, Christus als *Avatara* (Herabkunft oder Sichtbarwerdung des Göttlichen) zu deuten. Dennoch wird der Hindu annehmen, der Christ verstehe Christus einfach als den einzigen *avatoera*, als eine Art *purnavatoera* oder *mahavatoera* (vollständige oder höchste Inkarnation). Dem Hindu widerstrebt die exklusivistische Haltung und das christliche Gefühl der Überlegenheit. Dagegen wird der Christ den Eindruck haben, der Hindu kümmere sich nicht um den Nächsten, und wird sich nicht mit seiner Antwort zufrieden geben, die auf dem kosmischen *karma*, auf *moeyoe* oder *korunoe* beruht, also auf der Vision einer universalen Solidarität, des vergänglichen Wesens dieser Welt und einer entsprechend gerechten und dem Mitgefühl verpflichteten Ordnung. Für den Buddhisten ist der islamische *jihad* ein grausamer und ungerechter Krieg, der für ein wie auch immer geartetes moralisches Bewußtsein unannehmbar ist. Demgegenüber betrachtet der Muslim den buddhistischen Atheismus als unerträgliche Verirrung. Natürlich sind das alles Karikaturen; aber de facto handelt es sich um verbreitete und gesellschaftlich wirksame Vorstellungen.

Innerhalb der verschiedenen Traditionen versuchen die meisten Denker natürlich, solche „Angriffe" zurückzuweisen, und entwickeln immer raffiniertere Verteidigungsstrategien. Es ist allgemein üblich, daß man sich gegenüber seinen eigenen Anhängern verteidigt, aber auch Selbstkritik praktiziert und die eigene Schuld an Mißbräuchen eingesteht. Aber das reicht nicht aus; es braucht vielmehr einen weiteren Schritt. Wir müssen dazu bereit sein, auch die kritischen Einwände von außen wahrzunehmen und zu akzeptieren. Wir dürfen sie nicht nur als Mißverständnisse begreifen, die sich daraus ergeben, daß man draußen unsere internen Korrekturen nicht berücksichtigt, sondern auch als Teil unserer Grenzen. Jede Tradition muß anerkennen, daß sie nur über ein unvollkommenes, wenn auch der Absicht nach vollständiges Bild der Wirklichkeit verfügt. So entsteht das, was ich den *„pars pro toto"*-Effekt nenne: Wir beanspruchen, das Ganze zu sehen, weil wir uns nicht mit Teilvorstellungen begnügen; aber in Wirklichkeit sehen wir nur das *totum in parte* und *per partem*.

Kritische Einwände nicht von vorneherein als Mißverständnisse abzuweisen, ist ein wirkungsvolles Instrument zur Korrektur von Fehlern und Defiziten der verschiedenen Traditionen und ebenso ein heilsames Mittel, sich der Grenzen bewußt zu werden, die den Religionen, den Lehrgebäuden und letztlich sogar dem menschlichen Wesen innewohnen.

Eine solche Haltung verlangt Großmut, Gelassenheit, Bescheidenheit sowie ein bestimmtes Maß an mystischem Wissen um die Unsagbarkeit der Wirklichkeit. Das ohne Einfühlungsvermögen vorgebrachte Urteil des Fremden kann dem, der die Dinge von innen wahrnimmt, als übertrieben oder ungerecht erscheinen. Aber trotzdem wird gerade diese Sicht das Bild bereichern. Wir sollten solchen Kritikern deshalb dankbar sein. Kritischer Ökumenismus nötigt nicht nur zur Verdeutlichung der Mißverständnisse und zu verbesserter Apologetik: Er ist vielmehr ein unerläßliches Instrument zur Selbstkorrektur, zu ständiger Bekehrung und zur Umformung der eigenen Tradition. Wir sind auf Korrekturen von draußen angewiesen; wir müßten auch für die schmerzlichste Korrektur dankbar sein. Sie bringt uns dazu, die Hybris der Selbstzufriedenheit zu überwinden, und wir beginnen so, die Beschränktheit jeder Tradition zu entdecken, was wiederum den Weg hin zu einem heilsamen Pluralismus eröffnet. Wir brauchen den anderen, um den Balken im eigenen Auge wahrzunehmen.

Ein kritischer Ökumenismus befreit uns von Verkümmerung, von Selbstzufriedenheit und narzißtischen Überlegenheitsgefühlen. Es ist normal und verständlich, zu glauben, die eigenen Kinder, Freunde oder Clanmitglieder seien die liebenswertesten und schönsten Menschen der Welt. Es ist ebenso normal, auf die eigene religiöse Gemeinschaft stolz zu sein, sei es eine Kirche oder etwas Vergleichbares. Aber ein solches Gefühl setzt eine persönliche und umfassende Beziehung voraus, die sich nicht in objektive Feststellungen umsetzen läßt. Man tauscht seine Eltern, Ehegatten oder Kinder nicht aus. Auf diese Ebene gehört auch die persönliche religiöse Überzeugung. Aber das sollte uns nicht davon abhalten, den kontingenten, begrenzten und unvollkommenen Charakter unserer Glaubensüberzeugungen anzuerkennen.

Der kritische Ökumenismus verfällt nicht in die Dichotomie zwischen Theorie und Praxis, er begnügt sich nicht mit einem Dualismus, der darin besteht, den „Häretiker" zu bekämpfen und den Sünder zu „lieben". Er läßt uns vielmehr spüren, daß der Kampf gleichermaßen in uns wie draußen stattfindet und sich die Wahrheit nicht nur in uns, sondern auch in Gegnerschaft zu uns findet. Es geht also um eine spirituelle Disziplin, die uns beständig dazu veranlaßt, zu lernen, zu wachsen und in einer befreienden Großzügigkeit zu reifen. Auch in einer schmutzigen Pfütze kann eine strahlende Lotusblume heranwachsen.

Und noch eine weitere Funktion hat eine solche kritische Haltung: Sie verhindert, daß wir ausschließlich in die Vergangenheit zurückblicken und uns mit dem Rückbezug auf die Quellen begnügen, so wichtig dieser auch sein mag. In der gegenwärtigen Situation können wir uns mit keiner Tradition der Vergangenheit zufrieden geben, und sei es auch die wertvollste. Heute kann keine Religion für sich beanspruchen, ein Monopol auf den Besitz der Wahrheit oder das exklusive Recht auf die Wahrheit zur Bewältigung der großen Herausforderungen zu haben. Wir brauchen einander nicht nur gegenseitig, sondern wir müssen auch das leisten, was die Traditionen selber von uns dringlich verlangen: die Lehren der Vergangenheit so zu übertragen *(tradere),* daß neue Einsichten entstehen, und eine neue Praxis in die Tat umzusetzen. Der Geist macht immer und in jeder Situation alles neu.

Der Auftrag der Übertragung an die kommenden Generationen fordert Verwandlung und Reifung der alten Einsichten. Es kann nicht darum gehen, nur alte Formeln automatisch zu wiederholen. Notwendig ist vielmehr ein schöpferischer Akt, bei dem das alte Feuer mit neuen Fackeln entzündet und der neue Wein in neue Schläuche gefüllt wird, ohne den alten Geschmack einzubüßen. Gerade heute können wir uns nicht mit den Antworten vergangener Zeiten begnügen. Wir brauchen alle eine beständige Bekehrung, eine radikale *metanoia*. Dazu trägt der kritische Ökumenismus bei. Ziel ist nicht die Einheit, sondern die Harmonie eines symphonischen Kosmos, in dem jedes Wesen seinen unverwechselbaren Klang hat und gleichzeitig alle diese Töne zusammenklingen.

(Aus dem Spanischen von Ulrich Ruh)

Verzeichnis der Abkürzungen

BG	Bhagavad Gîtâ
BU	Brihadâranyaka Upanishad
CU	Chândogya Upanishad
LW	Meister Eckhart, Lateinische Werke, Stuttgart 1956ff.
MandU	Mândûkya Upanishad
O.o	Bonaventura, Opera omnia, Quaracchi 1892–1902
PG	Patrologia Cursus Completus. Series Graeca, Hrsg. J.-P. Migne, Paris 1857–1866
SB	Shatapatha Brâhmana
Sent.	Bonaventura, Commentaria in Quator Libros Sententiarum Magistri Petri Lombardi, O. o., Bd. I–IV

Die biblischen Bücher werden in der üblichen Weise abgekürzt.

Anmerkungen

1 Die »Weisheit Salomos« und seiner Vorgänger, z.B. des Ägypters Amenenope (der mindestens tausend Jahre früher lebte), können als sakrale Formen dieser Klugheit betrachtet werden. »Den Herrn zu fürchten, ist Weisheit, und das Böse zu meiden, ist Klugheit«, sagt Jahwe zu Hiob (Ijob XXVIII,28) im Einklang mit Spr I,7.

2 Sie sind neuerlich dokumentiert in dem Buch *Sophia - Maria* von Thomas Schipflinger, München und Zürich 1988.

3 Für eine gute Einführung in die alte Problematik verweise ich auf die Artikel über *sophia* in: Kittel und Friedrich (Hrsg.), *Theologisches Wörterbuch zum Neuen Testament*, Stuttgart; für die hebräische Bibel vgl. die Artikel in: Botterweck und Ringgren (Hrsg.), *Theologisches Wörterbuch zum Alten Testament*, Stuttgart.

4 Ijob XXVIII,28 (s.o., Anm.1); Die Vulgata übersetzt: »*Ecce timor Domini ipsa est sapientia, et recedere a malo intelligentia*«.
Augustinus (*De Trinitate* XIV, 1) unterscheidet zwischen *eusebeia* und *theosebeia* und faßt beide Begriffe als »*Dei cultus*« zusammen. Er übersetzt: »*Ecce pietas est sapientia; abstinere autem a malis, scientia*«. Zu Bonaventura vgl. III Sententiarium d. 35, a.u., q. I (*Opera omnia*, ed. Quaracchi, III,774).

5 Fragment 112; Diels übersetzt: »Gesund denken ist die größte Vollkommenheit, und die Weisheit besteht darin, die Wahrheit zu sagen und zu handeln nach der Natur, auf sie hinhörend«.

6 Fragment 41; Diels übersetzt: »Eins nur ist das Weise, sich auf den Gedanken zu verstehen, als welcher alles auf alle Weise zu steuern weiß.«

7 Vgl. dazu mein Buch: *Gottes Schweigen*, München 1991

8 So z. B. Abhinavagupta, *Parâ-trîshikâ-vivarana*, passim.

9 Heraklit, Fragment 40: »Vielwisserei *(polymathia)* lehrt nicht Verstand *(nous)* haben« (Diels).

10 »Der Buddhismus verwirft dementsprechend das Denken durch Unterscheidungen und Gegensätze, das heißt die analytische Denkweise«, schreibt Fumi Sakaguchi in ihrem erleuchtenden Buch: *Der Begriff der Weisheit in den Hauptwerken Bonaventuras*, München und Salzburg 1968, 77.

11 *De mystisa Theologia* I,3 (PG 3, 1001).

12 *Summa Theologiae* I, q.12, a.13, ad 1.

13 *Illud est ultimum cognitionis humanae de Deo quod sciat se Deum nescire in quantum cognoscit illud quod Deus est* (*De potentia* VII,5, ad 14.)

14 BU II,4,14: »Das, durch welches alles wird erkannt, womit kann man es erkennen? Wie kann man den Erkennenden doch erkennen?« *(yena-idam sarvam vijânâti / tam kena vijânîyat / vijñâtâram are kena vijânîyat).*

15 Vgl. meinen Aufsatz: »Die existentielle Phänomenologie der Wahrheit«, *Philosophisches Jahrbuch der Görresgesellschaft* 64 (1956), 27–54.

16 (und 18), zitiert bei V. Böhtlingk, *Indische Sprüche* (St. Petersburg 1870–73), Wiesbaden 1966, Spruch 6741.

17 *»Ab intellectu inchoandum est, et perveniendum ad sapientiam«:* Bonaventura, *Hexaemeron*, col. 3, n. 1 (O. o. V, 343a).

18 *»Avijñâtam vijânatâm vijñâtam avijânatâm«*; vgl. auch Rig Veda 1,164,32.

19 Vgl. IKor I,19–23. 26-30; II,4–7; III,18–20; IV,10; Kol II,8; Röm XII,2; usw.

20 Vgl. meinen Aufsatz: »La dialéctica de la razón armada«, in: *Concordia* 9 (1986), 68–89.

21 *Haec igitur sapientia dicitur multiformis, quia multi sunt modi exprimendi, …ut etiam* veletur superbis, aperiatur humilibus: *Hexaemeron*, col. 2, n. 12 (Opera omnia V,338 b). Die biblischen Anklänge sind hörbar: vgl. Lk 1,51-53; X,21; Mt XI,25 usw.).

[22] Vgl. Meister Eckhart, *Von Abgescheidenheit, Deutsche Werke*, Bd. V, hrsg.v. J. Quint, Stuttgart 1963, 377–458 (Text: 400–437; Übersetzung: 539–547).

[23] »*Neque enim propter stellas homo, sed stellae propter hominem factae sunt*«: *Homilia X in Evang.* (zu Mt II,1–12).

[24] *Sapiens homo dominatur et astris*: *Sum.Theol.* 1, q.115, a.4, ad 3; vgl. auch I–II, q.77, a.1.

[25] Das betont sehr richtig M. Machovec, *Die Rückkehr zur Weisheit. Philosophie angesichts des Abgrundes*, Stuttgart 1988, 87ff.

[26] *Etad guhyam mahâguhyam: Paratrîshikâ* 2, in: Abhinavagupta, *Paratrîshikâ-vivarana*, Übs. J. Singh, Hrsg. B. Bäumer, Delhi 1988, 18, vgl. dazu 53f. Das Wort wird von Abhinavagupta entweder als »dieses Geheimnis, großes Geheimnis« oder als »dieses Geheimnis, ein Ungeheimnis« wiedergegeben. Der Stamm *guh* bedeutet wörtlich »verbergen«, »decken«, »geheimhalten«; *guha* heißt »verborgener Raum«, »Höhle«, »Grube«, und *guhya* wird als verborgener Raum und als Symbol für etwas Geheimnisvolles verstanden (vgl. z.B. BG IX,1 & 2, wo von *guhyâtamam* und *râjaguhyam* die Rede ist).

[27] S.o. Anm. 19.

[28] Hier wird mit den Worten *oikia* und *monê* gespielt: ein Haus, viele Wohnungen, viele Bleibestätten.

[29] »*Mens nostra ... a divina sapientia tamquam domus Dei inhabitatur*«: *Itinerarium mentis in Deum* IV,8 (O.o. V, 308). Für Bonaventura ist klar, daß »in jedem Ding, das wahrgenommen oder erkannt wird, Gott selber innerlich verborgen ist« *(in omni re, quae sentitur sive quae cognoscitur, interius lateat ipse Deus)*: *De reductione artium ad theologiam*, 26 (O.o. V, 325).

[30] Vgl. *Die Lehre von Amenenope* III,9–18. Das ganze erste Kapitel besagt, daß man die Weisheit im Herzen bewahren und verarbeiten soll; vgl. dazu A. Marzal, *La enseñanza de Amenenope*, Madrid 1965, 85ff.

[31] BU III,9,23: »*Hridayena hi satyam jânâti - hridaye hy eva satyam pratishthitam bhavati - iti*«. Ich habe schon gesagt,

daß *satyam* die sich offenbarende »Seiendheit« des Seins *(sat)* ist, also Wahrheit und Weisheit.

32 „*Domus Dei totus est mundus, domus Dei ecclesia catholica est, domus Dei etiam est quaelibet, fidelis anima.*" Hugo von Sankt Viktor, *De arca Noe morali*, I 1 (PL 176: 721 A).

33 Vgl. dazu Böhtlingk, ebd., Spruch 6074.

34 Vgl. Fung Yu-lan, *A History of Chinese Philosophy*, Princeton (1953) 1973, Bd. II,386–408 für den buddhistischen Hintergrund dieser ansonsten taoistischen Haltung.

35 Der Mensch - ein trinitarisches Mysterium, in: *Die Verantwortung des Menschen für eine bewohnbare Welt im Christentum, Hinduismus und Buddhismus*, Hrsg. R. Panikkar und W. Strolz, Freiburg i.Br. 1985, 147–190.

36 Die mittelalterlichen Scholastiker kannten diese Vierzahl sehr gut. Man vergleiche beispielsweise Hugo von St. Viktor in seinem *Didascalion,* 1,11.

37 LW IV: Meister Eckhart, Die lateinischen Werke, Bd. 4: *Sermones*, hrsg. von Joseph Koch u. a., Stuttgart 1956.

38 Wörtlich kommt der Ausdruck bei Ignatius weder in den *Exerzitien* noch in der *Constituciones* vor, wenn auch das Adjektiv »indifferent« zweimal im ersteren und achtmal im letzteren Text erscheint. Doch sind seine späten Jahre und die ursprüngliche Spiritualität der Jesuiten erfüllt von der Sache, die er besagt.

39 Richard Wilhelm übersetzt: »Der Berufene ist einfältig und schlicht«.

40 II *Sententiarum* d.23, a.2, q.2, Opera omnia II, 49b: *omne enim quod cognoscitur, cognoscitur per aliquid praesens.*

41 R. Wilhelm übersetzt: »Ohne jenes Etwas gibt es kein Ich«.

42 „*... dicitur tenebrae, quia intellectus non capit": Hexaemeron*, col. 2, n. 32.

43 Bonaventura, *Hexaemeron*, col. 13, n. 12 (O.o. V,390a): *Iste liber, scilicet mundus, quasi emortuus et deletus erat.*

44 Ders., *Breviloquium* q.2, c.12 (O.o. V,230a).

45 Bonaventura, III Sent. d.23, a.1, q.4, ad 5 (O.o. III, 482): *Ad illud quod obiicitur, quod quanto scientia nobilior est, tanto certior, dicendum quod illud non habet veritatem.*

46 Dionysius, Epist. 1 *(Caio monacho)*, PG 3, 1065 A. Die rezipierte Übersetzung lautet: *Et si quis, viso Deo, cognovit id quod vidit, nequaquam ipsum vidit.*

47 S.o., Anm. 26.

48 S.o., S. 17.

49 Vgl. dazu R. Panikkar, *El concepto de naturaleza*, Madrid, 2. Aufl. 1972, bes. 197–232.

50 Vgl. Thomas, *Sum.Theol.* I, q.34, a.3; vgl. auch I, q.37, a.2, ad 3: *Sicut Pater dicit se et omnem creaturam Verbo quod genuit, ... ita diligit se et omnem creaturam Spiritus Sancto.*

51 Der Verfasser spielt hier mit der gemeinsamen Etymologie der Worte »Meditation«, »Medizin« und »Moderation«.

52 Vgl. Augustinus, *De Trinitate* XIV, 1.

53 »Philosophie als Lebensstil«, in: *Philosophes critiques d'eux-memes*, Hrsg. A. Mercier und M. Svilar, Bd. 4, Bern 1978, S. 209–220.

54 Das war das Motto dieses Abschnitts in Anspielung auf Stefan George: »Kein Ding sei wo das Wort gebricht«; vgl. dazu den Kommentar von Heidegger: »Das Wesen der Sprache«, in: Unterwegs zur Sprache, Pfullingen (5. Aufl.) 1975, 159ff. Vgl. natürlich auch Joh I,14: »Und das Wort ward Fleisch«; und das bekannte Gedicht von Johannes vom Kreuz.

55 Der Verfasser macht ein Wortspiel mit »Ultimate Concern« (P. Tillich) und »Ultimate Unconcern«: Religion als Freiheit, Befreiung.

56 L. Massignon, *La passion de Husayn Ibn Mansûr Hallâj*, Paris 1975, Bd. III, 300f.

57 *Sum. theol*, II–II, q.1, a.1: *actus autem credentis non terminatur ad enuntiabile, sed ad rem.*

Glossar

(chin. = chinesisch, griech. = griechisch, jap. = japanisch, lat. = lateinisch, skr. = sanskrit, span. = spanisch)

apriori / a priori (lat.): »vom früheren her«; eine Einsicht, die aller Erkenntnistätigkeit und Erfahrung vorausgeht
actio (lat.): Tätigkeit, Tun
advaita, advaitisch (skr.): »Zweitlosigkeit«, Lehre, daß das Absolute ohne ein Zweites ist. Gott und die Welt sind weder eins noch zwei. Letzte Identität von *âtman* und *brahman*
Äquidistanz: gleiche Entfernung (aller Punkte auf der Kreislinie vom Mittelpunkt)
agapê (griech.): »Liebe«
agni (skr.): »Feuer«, vedische Gottheit des Feuers
aham (skr.): »Ich«
aiôn (griech.): Weltzeit, Ewigkeit; zugleich auch Lebensalter, Zeitgeist
aisthêsis (griech.): Wahrnehmung, Empfindung, Sinn, Erkenntnis
âkâsha (skr.): »leerer Raum«, im Hinduismus letztes der fünf Elemente (Erde, Wasser, Feuer, Luft und Raum, Äther)
anâtman, anâtmavâda, nairâtmyavâda (skr.): Lehre, daß der Mensch ohne festen, substantiellen Wesenskern ist: Es gibt keinen *âtman*, keine Substanz
anâtmavâdin (skr.): Anhänger der *Anâtman*-Lehre
atman (skr.): »selbst«, das Eigentliche des Menschen, das von seiner Vergänglichkeit zu unterscheiden ist
âtmavâda (skr.): Lehre vom *âtman* als unvergänglichem Wesenskern des Menschen
âtmavâdin (skr.): Anhänger der *âtman*-Lehre
avatâra (skr.): »Herabkunft« (eines Gottes auf die Erde in menschlicher oder tierischer Gestalt)

Bhagavadgîtâ (skr.): »Lied des Erhabenen«, berühmtes indisches Lehrgedicht im *Mahâbhârata,* oft als das »Neue Testament Indiens« bezeichnet

bhakti (skr.): Liebe, Hingabe zu Gott; einer der indischen Wege zur Erlösung durch Vereinigung mit der Gottheit

brahman (skr.): Weltseele, Weltessenz; das Eine, das alles durchdringt und in sich vereint, das Absolute

circulus vitiosus (lat.): »Zirkelschluß«, fehlerhafte Beweisführung, die das zu Beweisende schon voraussetzt

civitas Dei und civitas terrena (lat.): »Stadt Gottes« und »irdische Stadt«; durch Augustinus (354–430) begründete Lehre von zwei sich gegenwärtig überschneidenden Bürgerschaften oder »Staaten«

coincidentia oppositorum (lat.): Zusammenfall der Gegensätze

contemplatio (lat.): Beschauung der Welt als Gottes Tempel

Dhammapada (pali): buddhistische Spruchsammlung des Pâli-Kanon

dharma (skr.): zentraler Begriff der indischen Philosophie mit unterschiedlichen Bedeutungen: ewige, feststehende Ordnung der Welt, Gesetzmäßigkeit, Harmonie, Lehre, normgebende Grundlage des Handelns, Moral, Sitte, Ritus, Recht, »Religion«

dharmakâya (skr.): »Dharma-Leib«, im *Mahâyâna*-Buddhismus der Wesenskern des Buddha, der zugleich der Wesenskern der Weltwesen, die Essenz der Wirklichkeit ist

diachronisch (griech.): zeit-übergreifend

diatopisch (griech.): raum-übergreifend

doxa (griech.): Glanz, Erhabenheit, Herrlichkeit

Dualismus: Anschauung von einer grundsätzlichen Spaltung des Seins in zwei nicht in Übereinstimmung zu bringende und nicht voneinander ableitbare Prinzipien, insbesondere Geist und Materie, Seele und Körper

epochê (griech.): »Innehalten«, Einklammerung subjektiver Werturteile bei der Beschreibung von Phänomenen

eros (griech.): Liebe, Begierde, geschlechtliche und sinnliche Liebe

Exklusivismus, Inklusivismus, Pluralismus: Bezeichnungen

für eine Haltung gegenüber nichtchristlichen Religionen, die a) diese als vom Heil in Christus ausgeschlossen betrachtet, b) das Heil in Christus zwar absolutsetzt, aber gleichwohl den nichtchristlichen Religionen einen Anteil daran zugesteht, und c) den christlichen Absolutheitsanspruch aufzugeben versucht, so daß das Heil nicht auf einen gemeinsamen Nenner gebracht werden kann

Hermeneutik, hermeneutisch (aus dem Griech.): »Kunst der Auslegung«; Theorie und Methodik des Verstehens und Deutens von Texten

homöomorph: »von ähnlicher Gestalt«, d. h. mit vergleichbarer Bedeutung und Funktion im Zusammenhang eines anderen religiösen oder kulturellen Systems (aus griechisch *homoios*, ähnlich, und *morphê*, Gestalt)

humanum (lat.): das grundlegend Menschliche; was für die ganze Menschheit spezifisch ist

Inklusivismus: s. Exklusivismus

Îshvara (skr.): »Herr des Universums«, personhafter höchster Gott im Unterschied zum unpersönlichen *brahman*

jîva (skr.): Lebensseole, feinstoffliche Qualität, der verkörperte *âtman*

jñâna (skr.): »höheres Wissen, Erkenntnis«; einer der Wege zur Erlösung

kâma (skr.): Verlangen, Leidenschaft, sinnliche Lust, Liebe

karma, karman (skr.): Tat, Werk, Wirken, das auf den Wirkenden zurückfällt und ihm anhaftet

kosmos (griech.): Ordnung, die geordnete Welt, das Weltganze

kosmotheandrisch: »welt-gott-menschlich«, aus griechisch *kosmos, theos* und *anêr*

logos (griech.): Wort, Gedanke, Urteil, Vernunft. Im Neuen Testament: Christus als das vollmächtige Wort Gottes (Joh I)

Mahâbhârata: indisches Epos vom Kampf der Pandavas und Kauravas

Mahâyâna-Buddhismus: »Großes Fahrzeug«, in Indien entstandene Schulrichtung des Buddhismus

metanoia (griech.): Sinnesänderung, Umkehr (vgl. Mk I,14)

Monismus (aus griechisch monon, einzig): Anschauung, die alle Dinge auf ein in ihnen wirksames, einheitliches Prinzip zurückführt

morphê (griech.): Gestalt, Erscheinung

Morphologie (aus dem Griech.): Lehre von der Gestalt, insbesondere von den Entwicklungsformen des Lebendigen und der Kulturentwicklung

mythos (griech.): »Wort«, »Erzählung«, schon in der Antike vom *logos* unterschieden und dessen Voraussetzung

nairâtmyavâda (skr.): s. *anâtmavâda*

nâma-rûpa (skr.): Name und Form, die Welt der Erscheinungen

neti – neti (skr.): »nicht das ... nicht das«, bezeichnet die Nichtaussagbarkeit dessen, was wirklich ist

nirvâna (skr.): Bezeichnung für die Erlösung; bedeutet wahrscheinlich »verlöschen«

noêma (aus dem Griech.): in der Phänomenologie E. Husserls die Sinneinheit einer Wahrnehmung, s. *Phänomenologie*

Noetik, noetisch: Denklehre, Erkenntnislehre

nomos (griech.): Sitte, Regel, Gesetz

Ontonomie, ontonomisch: innere Gesetzmäßigkeit des Seienden, nach der das konkrete Einzelne zugleich unabhängig und ins Ganze des Seins integriert ist; dabei wird weder die abgetrennte Unabhängigkeit jedes Individuums (Autonomie) noch eine Hierarchie von Individuen (Heteronomie), sondern die Beziehungshaftigkeit des Seins zum Ausgangspunkt des Denkens genommen (aus griech. *on,* das Seiende, und *nomos,* Gesetz)

Orthodoxie und Orthopraxie (aus dem Griech.): »rechte Lehre« und »rechtes Tun«

pars pro toto (lat.): der Teil steht für das Ganze

perichôrêsis (griech.) und circumincessio (lat.): Begriffe der altkirchlichen Trinitätslehre, bezeichnen die gegenseitige Durchdringung der göttlichen Personen, Vater, Sohn und Heiliger Geist

Phänomenologie (von griech. phainomai, sich zeigen): Lehre von den Erscheinungen; Philosophische Schulrichtung seit Edmund Husserl (1859-1938); außerdem eine Schule in der vergleichenden Religionswissenschaft, die nach dem Wesen der Religion und des Religiösen fragt, das sich in ihren verschiedenen »Erscheinungsweisen« zeigt (u. a. Gerardus van der Leeuw, 1890–1950)

physis (griech.): Natur

pisteuma: analog dem Wort *noêma* abgeleitet aus griech. *pisteuô*, glauben: der intentionale Sinn religiöser Phänomene

Pluralismus: s. Exklusivismus

polis (griech.): der Stadtstaat der griechischen Antike

pratîtyasamutpâda (skr.): buddhistische Lehre von der »bedingten Entstehung« oder »Entstehung in Abhängigkeit«, die besagt, daß nichts durch sich selbst ist und die Voraussetzungen seiner Existenz in sich selbst trägt, sondern daß alles im Daseinskreislauf sich gegenseitig bedingt

prema (skr.): Liebe, Gottesliebe

psychê (griech.): Seele, Gemüt, Herz, belebtes Wesen

Quaternitas perfecta (lat.): die vollkommene Vierheit

Râmâyana: indisches Heldenepos

Säkularität, säkular: das Diesseitige, In-der-Zeit-Sein, In-der-Welt-Sein (aus lat. *saeculum*, das Menschenalter, Zeitalter, Jahrhundert, auch: der Zeitgeist)

satori (jap.): Erleuchtungserfahrung im Zen

Septuaginta (lat.): »die Siebzig« (Übersetzer), jüdische Übersetzung der hebräischen Bibel ins Griechische, die im 3. bis 1. Jhdt. v.Chr. in Alexandria erstellt wurde

Shiva, Shivaismus, shivaitisch: einer der Hauptgottheiten Indiens bzw. eine der beiden größten Richtungen der Hindu-Religion

shûnyatâ (skr.): Leerheit, Leere; in Indien entstandene zentrale Lehre des *Mahâyâna*-Buddhismus

sôma (griech.): Leib

sophia (griech.): Weisheit

sushupti (skr.): tiefer, traumloser Schlaf; einer der vier Bewußtseinszustände *(avasthâ)*, neben Wachen, Träumen und dem überbewußten Erleuchtungszustand

svadharma (skr.): die jedem Menschen zukommende individuelle Ausprägung des einen *dharma*

svayamprakâsha (skr.): »selbsterleuchtend«

tao (chin.): »Weg«; Zentralbegriff der chinesischen Philosophie, insbesondere des Taoismus

Tao-te king (chin.): »Buch vom Weg und seiner Kraft«: grundlegendes Werk des philosophischen Taoismus in China, dem Lao-tzu (6. Jhdt. v. Chr.) zugeschrieben; historisch mindestens seit dem 3.Jhdt. v. Chr. nachweisbar

tat tvam asi (skr.): »das bist du«, Aussage in den Upanishaden, daß *âtman* letztlich gleich *brahman* ist

technê (griech.): Kunst, Kunstfertigkeit, Handwerk

theandrisch: »gott-menschlich« (aus griechisch *theos* und *anêr*)

theanthropokosmisch: »gott-mensch-weltlich« (aus griechisch *theos, anthrôpos* und *kosmos*)

topos/topoi (griech.): Ort, Stelle

triloka (skr.): »Drei-Welt«, im Hinduismus Himmel, Erde, Unterwelt

Upanishaden (skr.): indische philosophische Texte, als »Abschluß des *Veda*« bezeichnet

upadesha (skr.): Lehrgespräch eines Meisters

Veda (skr.): »Wissen«, älteste heilige Texte Indiens, von übermenschlichem Ursprung und besonderer Autorität

vidyâ (skr.): »Wissen«, »Erkenntnis«

wu-wei (chin.): »Nicht-Tun« in der taoistischen Philosophie

yoga (skr.): »Joch«, Weg der Erkenntnis und Vereinigung mit dem Göttlichen

Quellennachweis

Teil I
– Der Weisheit eine Wohnung bereiten: Vortrag mit anschließendem Gespräch am 14.3.1990 in München, St.Ursula-Kirche (Erstveröffentlichung in: Der Weisheit eine Wohnung bereiten, München 1991) – Themaformulierung von Irmgard Hafner, München.

Teil II
– Quaternitas perfecta: Vorträge und Gespräche bei einer Einkehr-Tagung am 16.–18.3.1990 im Begegnungshaus Domicilium, Weyarn/Obb. (Erstveröffentlichung in: „Der Weisheit eine Wohnung bereiten", München 1991).

Teil III
– Philosophie als Lebensstil: Neubearbeitung des Aufsatzes: *Philosophy as Life-Style/Philosophie als Lebensstil*, in: Philosophes critiques d'eux-memes, Hrsg. A. Mercier und M. Svilar, Bd. 4, Bern 1978, S. 209–220; veröffentlicht in: „Der Weisheit eine Wohnung bereiten", München 1991; vom Herausgeber unter Verwendung dieser Übersetzung aus dem Englischen übertragen.
– Fragen zum Lebensstil im Gespräch: wie im Teil II.

„Das bist du": wie im Teil II.

Ausklang: Ökumene – Wahrheit ist symphonisch: Erstveröffentlichung in Markus Schächter (Hrsg.): „Was kommt. Was geht. Was bleibt.", Freiburg 2001, S. 256-259.

Weisheit für jeden Tag

Raimon Panikkar
Das Göttliche in Allem
Der Kern spiritueller Erfahrungen
Band 4971

Der Autor stellt die Frage nach dem Mysterium der Gotteserfahrung in den Mittelpunkt: Die Summe eines Meisters und die Basis für ein neues Reden über Spiritualität.

Dalai Lama
Das kleine Buch vom rechten Leben
Hg. und eingeleitet von Dirk Kron
Band 4949

Die zentralen Texte des Dalai Lama, in denen sich der große Weisheitslehrer Themen des Alltags und persönlichen Fragen widmet.

Lama Anagarika Govinda
Der Anfang ist das Ziel
Weisheit für unsere Zeit
Band 5051

Der große spirituelle Meister redet vom Sich-Öffnen der ganzen Person, das durch meditatives Erleben zum Einklang von Geist, Körper und der Schönheit der Welt führt.

Willigis Jäger
Die Welle ist das Meer
Mystische Spiritualität
Band 5046

Mystik, was ist das – ganz praktisch? Eine Sicht, die Grenzen sprengt und den tiefen Reichtum auch anderer religiöser Kulturen erschließt.

Ayya Khema
Was du suchst, ist in deinem Herzen
Der Weg zur inneren Klarheit
Band 5129

Aus einem aufregenden Leben kam Ayya Khema zur Erkenntnis: „Alles hat seinen Anfang in unserem Herzen." Meditationen und Einsichten.

HERDER spektrum

Anthony de Mello
Eine Minute Weisheit
Band 4985
Keine der hier erzählten Geschichten verlangt mehr als eine Minute Lesezeit. Und doch: Sie können ein – Ihr – Leben verändern.

Yushi Nomura/Henri J. M. Nouwen
Weisheit aus der Wüste
Mit Tuschezeichnungen von Yushi Nomura
Band 5253
Auf dem Weg zu einem Leben aus der eigenen Mitte bieten die frühchristlichen Mönche des 4. und 5. Jahrhunderts wertvolle Orientierung: Gelassenheit und inneres Wachstum sind möglich.

Johannes Pausch/Gert Böhm
Was der Seele gut tut
Im richtigen Rhythmus leben
Band 5237
Erst wenn körperliche, seelische und spirituelle Ebene im Einklang sind, fühlen wir uns wirklich wohl. Mit vielen Übungen und Beispielen.

Nossrat Peseschkian
Wenn du willst, was du noch nie gehabt hast, dann tu, was du noch nie getan hast
Geschichten und Lebensweisheiten
Band 5201
Witzige Szenen bewirken oft ein Aha-Erlebnis und öffnen den Blick für ganz neue, befreiende Lebensmöglichkeiten.

Ulrich Schaffer
Wesentlich werden
Band 5043
Zu wissen, worauf es ankommt wird zur Lebensweisheit. Das Wesentliche zu entdecken heißt Intensität und Lebendigkeit gewinnen.